Serge R NGANSOP NGUEPKAP
Architecte Solution SI

MIGRATION DES APPLICATIONS VERS LE CLOUD
AWS vs Azure

Guide des architectes Solution SI

SERGE-RUFIN

Collection : Guide des Architectes Solution SI

© Éditions Serge-Rufin, 2024

ISBN : 9798883577177

DEDICACE

À Mes Ancêtres,
À Mon défunt papa Roger NGUEPKAP,
A Ma défunte maman Pauline NGANTCHOM,
A Ma défunte sœur ainée Laurentine NGUEPKAP,

Ce livre est dédié en votre honneur. Vous qui avez été mes racines et mes guides dans la vie, je tenais à vous rendre hommage à travers ces pages. Vos enseignements, votre amour inconditionnel et votre présence à jamais gravée dans mon cœur sont une source d'inspiration pour moi. Vous me manquez chaque jour, mais je sais que vous veillez sur moi de là-haut. Je vous aime pour toujours.

À toi, mon épouse Sandrine

Tu es mon roc, ma partenaire de vie et de rêves. Tu m'as accompagné dans toutes mes aventures et tu as su me soutenir dans mes projets les plus fous. Tu es la lumière qui éclaire mon chemin, je te suis éternellement reconnaissant.

À Mes chers enfants (Valderane, Algore, Paul, Ulrich, Michel, Paule-Mady, Ange-Laureen, Hunter, Roger-max, Ghislain, Marius et tous ceux que j'ai pu oublier),

Vous êtes mes plus grands trésors. Vous m'avez appris le véritable sens de l'amour, de la patience et de la responsabilité. Vous occupez une place spéciale dans mon cœur. Vous m'avez apporté tant de joie et d'espoir pour l'avenir. Vous êtes mes plus grands accomplissements et je suis fier de vous voir grandir chaque jour.

À mes Sœurs ainée, particulièrement à Ma Reine Joséphine et à Ma'a Pauline,
Mes frères Hugues Lowe, la famille Fomena (Papa, Maman, Harman, Léonie, Mireille) et autres,

Vous êtes mes confidents, mes conseillers, mes protecteurs. Vous m'avez inspiré et soutenu dans toutes mes entreprises, et c'est grâce à votre présence et votre soutien que j'ai pu réaliser mes rêves.

À Stéphane KAMGAING,

Je te dédie ces quelques lignes pour te dire à quel point tu es important pour moi, tu es celui vers qui je me tourne pour trouver conseils et soutien. Tu es un grand frère exceptionnel.

À Tous mes amis, particulièrement à Jules, Philippe, Max, Yannick, Serge, Herve, Olivier, Mauclère, Aunel, que ce livre soit un témoignage de notre amitié et de notre complicité

Le code de la propriété intellectuelle régit les droits d'auteur d'un livre et protège les créations littéraires et artistiques. Selon l'article L111-1, tout livre est considéré comme une œuvre de l'esprit et bénéficie donc de la protection du droit d'auteur. L'article L122-1 précise que l'auteur est seul propriétaire de son œuvre et dispose du droit exclusif d'en autoriser ou d'en interdire la reproduction, la diffusion, la représentation ou l'adaptation. En outre, l'article L122-4 stipule que toute utilisation de l'œuvre sans l'autorisation de l'auteur est considérée comme une contrefaçon. Enfin, l'article L335-2 prévoit des sanctions en cas de violation du droit d'auteur, avec notamment des amendes et des peines de prison. Il est donc important de respecter ces dispositions et de mentionner ces articles dans la dernière page de son livre avant impression afin de rappeler le caractère protégé de l'œuvre et de sensibiliser le lecteur à ses droits d'auteur

TABLE DES MATIERES

Introduction

1 INTRODUCTION

Un peu d'histoire ....

L'histoire du cloud computing commence dans les années 1960 avec l'émergence de l'informatique en grille et le concept de "time-sharing", mais c'est avec l'avènement d'Internet dans les années 1990 que l'idée a réellement commencé à prendre forme. Le terme "cloud computing" a été popularisé au début des années 2000, symbolisant la transition d'une infrastructure informatique tangible à des ressources infiniment évolutives et accessibles via Internet.

Les premiers acteurs majeurs du cloud computing, comme Amazon avec le lancement d'Amazon Web Services (AWS) en 2006, ont révolutionné la manière dont les entreprises envisagent l'infrastructure informatique. AWS a introduit le modèle de paiement à l'utilisation pour les services informatiques, une innovation qui a permis aux startups et aux grandes entreprises d'accéder à une infrastructure à grande échelle sans les investissements initiaux massifs.

Depuis lors, le secteur du cloud computing a connu une croissance exponentielle, avec l'entrée de concurrents tels que Microsoft Azure, Google Cloud Platform, et d'autres, chacun offrant une gamme de services et d'innovations pour répondre aux besoins variés des entreprises. L'évolution continue du cloud computing inclut des avancées dans l'intelligence artificielle, l'analytique de données, l'Internet des Objets (IoT) et le computing sans serveur, ouvrant de nouvelles avenues pour l'innovation et la transformation numérique à travers les industries

1.1 QU'EST-CE QUE LE CLOUD COMPUTING ?

Le cloud computing est un paradigme informatique qui permet aux utilisateurs d'accéder à des ressources informatiques (comme des serveurs, du stockage, des bases de données, des applications et des services) via internet, sur une base de paiement à l'utilisation. Cette approche offre une alternative aux méthodes traditionnelles de gestion des ressources informatiques, où les organisations devaient acheter, posséder et maintenir leur propre infrastructure physique. Les caractéristiques fondamentales du cloud computing incluent l'élasticité qui est la capacité à augmenter ou réduire les ressources informatiques rapidement et automatiquement pour répondre aux besoins en constante évolution, sans intervention humaine directe, la mesure du service qui est la capacité à mesurer l'utilisation des ressources, permettant ainsi aux utilisateurs de payer uniquement pour ce qu'ils consomment. Cela contraste avec les modèles traditionnels où les ressources devaient être achetées à l'avance. Ensuite l'auto-service à la demande qui permet aux utilisateurs de provisionner eux-mêmes des ressources informatiques en quelques minutes via un portail web ou une api, sans avoir besoin de l'intervention manuelle d'un fournisseur de services. Et enfin une large accessibilité réseau via des mécanismes standard qui favorisent l'utilisation par des plateformes hétérogènes (comme les ordinateurs portables, les smartphones, etc.).

Aujourd'hui, le cloud computing est considéré comme un élément essentiel de l'infrastructure informatique moderne, permettant une flexibilité, une échelle et une innovation sans précédent pour les entreprises de toutes tailles à travers le monde.

1.2 SON EMERGENCE

Avec l'évolution constante des technologies et l'explosion du volume de données, les entreprises sont confrontées à des défis sans précédent en matière de gestion et de stockage de leurs données. C'est dans ce contexte que le cloud computing a émergé comme une solution innovante et efficace pour répondre à ces besoins croissants. La montée en puissance du cloud computing représente l'une des évolutions technologiques les plus significatives de ces dernières décennies, redéfinissant la manière dont les entreprises conçoivent, déploient et gèrent leurs systèmes informatiques. Cette transformation s'est appuyée sur plusieurs avancées clés, notamment l'amélioration de la bande passante internet, l'avènement de la virtualisation et le développement de technologies de stockage plus efficaces. Ces innovations ont rendu possible la délocalisation des ressources informatiques, offrant ainsi flexibilité, scalabilité et efficacité opérationnelle. Dans l'industrie du Cloud Computing, nous avons deux principaux fournisseurs tels qu'Amazon et Microsoft.

Amazon Web Services (AWS) a été Lancé en 2006, il a été le pionnier du modèle cloud computing, offrant initialement un service de stockage simple (Amazon S3) et un service de calcul élastique (Amazon EC2). Il a rapidement élargi sa gamme de services, devenant le leader incontesté du marché du cloud. Sa réussite repose sur sa capacité à innover constamment et à offrir une vaste gamme de services couvrant le calcul, le stockage, les bases de données, l'analytique, l'intelligence artificielle et bien plus.

Microsoft Azure a été Introduit en 2010 sous le nom de Windows Azure avant d'être rebaptisé Microsoft Azure en 2014, Azure a suivi une trajectoire de croissance impressionnante pour devenir l'un des principaux fournisseurs de cloud. Microsoft a tiré parti de sa domination dans les logiciels d'entreprise pour intégrer étroitement ses services cloud avec ses applications et plateformes existantes, offrant une solution séduisante pour les entreprises profondément investies dans l'écosystème Microsoft.

3

Le marché du cloud computing a connu une croissance exponentielle, alimentée par l'adoption généralisée de technologies numériques et une augmentation de la demande pour des solutions informatiques flexibles et évolutives. Les entreprises de toutes tailles reconnaissent la valeur du cloud pour améliorer l'efficacité opérationnelle, accélérer la mise sur le marché des innovations et soutenir le travail à distance. Selon les prévisions des analystes du secteur, le marché mondial du cloud computing devrait continuer à croître à un rythme soutenu, sous l'impulsion des investissements en infrastructure numérique et de l'adoption de technologies émergentes comme l'intelligence artificielle, l'Internet des Objets (IoT) et la blockchain. Les prévisions de cette croissance sont évaluées à de plus de 1350 milliards [1]de dollars d'ici 2027.

1.3   L'IMPORTANCE DE LA MIGRER VERS LE CLOUD

La migration vers le cloud est devenue un élément central des stratégies de transformation numérique des entreprises. Elle permet non seulement de réduire les coûts et d'augmenter la flexibilité opérationnelle, mais elle offre également l'accès à des technologies de pointe et à des capacités d'innovation jusque-là inaccessibles pour de nombreuses organisations. En adoptant le cloud, les entreprises peuvent se concentrer sur leur cœur de métier, tout en bénéficiant d'une infrastructure informatique agile et réactive capable de s'adapter rapidement aux changements du marché et aux besoins des clients. La migration vers le cloud n'est pas seulement une évolution technologique, mais un impératif stratégique qui façonne l'avenir des entreprises dans un monde numérique.

La décision de migrer vers le cloud est motivée par une multitude de facteurs, chacun reflétant les objectifs stratégiques et opérationnels uniques d'une entreprise. Parmi ces motivations, nous avons la flexibilité et évolutivité, qui permettent aux entreprises de s'adapter rapidement aux fluctuations de la demande sans nécessiter d'investissements lourds en infrastructures physiques. Cette souplesse facilite l'expérimentation et le déploiement rapide de nouvelles applications ou services. Le cloud offre une capacité de redimensionnement presque illimitée.

Ensuite la réduction des coûts, qui donne la possibilité aux entreprises de réduire significativement leurs coûts initiaux d'investissement en infrastructure en passant d'un modèle de dépenses en capital (CapEx) à un modèle de dépenses opérationnelles (OpEx) ou le modèle de paiement à l'utilisation. Et enfin l'innovation, ce dernier permet aux entreprises de développer et de déployer des

---

[1] https://www.distributique.com/actualites/lire-le-marche-du-cloud-public-va-plus-que-doubler-d-ici-2027-34234.html

4

solutions à la pointe de la technologie telles que l'intelligence artificielle, l'apprentissage automatique ou l'analyse de données à grande échelle.

La migration vers le cloud n'est pas sans défis, mais elle offre des opportunités substantielles pour les entreprises cherchant à améliorer leur flexibilité, à réduire leurs coûts et à stimuler l'innovation. En abordant avec soin les considérations de sécurité, de conformité et en choisissant judicieusement leurs partenaires de cloud, les organisations peuvent maximiser les bénéfices de leur transition vers le cloud. La clé du succès réside dans une planification minutieuse, une exécution soignée et un engagement continu envers l'optimisation et l'adaptation à l'environnement cloud.

Ce livre a pour but de fournir un guide pratique et complet pour les architectes de solutions SI et les décideurs technologiques qui envisagent de migrer des applications et des infrastructures vers le cloud. Il vise à éduquer sur les principes fondamentaux du cloud computing en mettant l'accent sur les services offerts par les deux leaders du marché, à savoir Amazon Web Services (AWS) et Microsoft Azure. Ce guide fournit des conseils pour planifier et mener à bien une migration réussie vers le cloud, en incluant la sélection des applications candidates, l'évaluation des coûts et la conception de l'architecture cible. Il compare également AWS et Azure afin de mettre en évidence leurs forces, leurs faiblesses et leurs cas d'utilisation idéaux, pour aider à prendre des décisions éclairées. En outre, il cherche à démystifier les défis techniques et stratégiques liés à la migration vers le cloud en proposant des solutions concrètes pour surmonter les obstacles courants tels que la sécurité, la conformité et la gestion du changement.

Ce livre aborde des sujets tels que les fondamentaux du cloud computing, l'architecture et la conception, la planification de la migration, la comparaison d'AWS et d'Azure, ainsi que la gestion de projet et de changement. Il s'adresse aux architectes de solutions SI, aux gestionnaires de projets IT, aux responsables informatiques et à d'autres professionnels technologiques qui cherchent à comprendre en profondeur comment naviguer dans le paysage complexe de la migration vers le cloud, en mettant l'accent sur AWS et Azure.

CHAPITRE II

LES FONDEMENTS DU CLOUD COMPUTING

Objectif

Dans ce chapitre, nous plongerons dans les bases essentielles de l'architecture cloud, définissant les principes fondamentaux qui sous-tendent cette approche révolutionnaire en matière de technologie. La virtualisation, élasticité, la scalabilité, le stockage distribué et la sécurité dans le cloud sont les thèmes qui seront abordé

2   LES FONDEMENTS DU CLOUD COMPUTING

L'architecture cloud est une infrastructure informatique qui permet aux utilisateurs d'accéder à des ressources informatiques à la demande, via Internet. Elle repose sur plusieurs concepts de base tels que la virtualisation, le stockage distribué et la scalabilité.

Nous aborderons ces éléments fondamentaux de l'architecture cloud dans ce chapitre et définirons les principes fondamentaux qui sous-tendent cette approche révolutionnaire en matière de technologie.

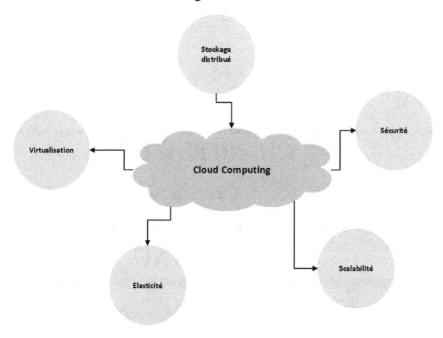

Figure 1 – les Fondements de l'architecture Cloud Computing

2.1   VIRTUALISATION

La virtualisation est un concept clé dans l'architecture du cloud, avec un rôle majeur dans la gestion des ressources informatiques. Elle offre une solution dynamique et flexible pour gérer ces ressources dans le cloud. Concrètement, elle consiste à créer des versions virtuelles de systèmes d'exploitation, de serveurs, de réseaux ou encore d'applications, qui peuvent être utilisées indépendamment du matériel physique sous-jacent. Cette approche permet de partager les ressources entre plusieurs machines virtuelles, ce qui réduit les coûts et améliore l'efficacité. En effet, grâce à la virtualisation, les ressources peuvent être regroupées et partagées entre plusieurs utilisateurs, ce qui permet une utilisation plus efficace et économique.

De plus, elle offre une gestion centralisée des ressources, facilitant la mise en place de stratégies de sauvegarde et de récupération en cas de panne ou de sinistre. La virtualisation offre également une grande flexibilité, en permettant de créer, supprimer ou modifier des environnements virtuels en fonction des besoins, sans affecter les autres systèmes en cours d'exécution. Cette technologie est devenue indispensable dans le monde de l'informatique et est largement utilisée dans le déploiement de solutions cloud pour répondre aux exigences croissantes en matière de performances, de fiabilité et de sécurité. Elle occupe donc une place fondamentale dans l'architecture du cloud en proposant une solution efficace pour gérer les ressources informatiques et répondre aux besoins de la technologie en constante évolution.

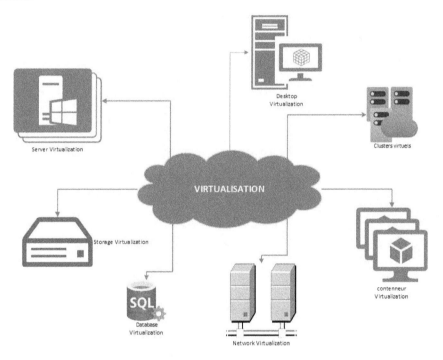

Figure 2- la virtualisation dans le Cloud

2.2 ELASTICITE

L'élasticité permet aux ressources informatiques de s'adapter de manière dynamique à la demande. En d'autres termes, le principe de l'élasticité est basé sur l'ajustement automatique des ressources en fonction des besoins, ce qui signifie qu'elles peuvent être augmentées ou réduites selon les fluctuations de la demande. Cette capacité d'ajustement permet de garantir une disponibilité et des performances optimales des systèmes informatiques. Cette flexibilité est d'une grande importance dans un environnement numérique en constante évolution, où les demandes et les charges de travail peuvent varier considérablement.

L'élasticité permet aux entreprises de garantir une expérience utilisateur fluide et d'éviter les problèmes de performance et de disponibilité. Cette capacité permet aux entreprises de s'adapter rapidement aux changements, de tirer le meilleur parti de leurs ressources informatiques et rester compétitives sur un marché en constante évolution. Les discussions sur l'élasticité sont donc essentielles pour comprendre comment les ressources informatiques peuvent être gérées de manière efficace et efficiente afin de répondre aux besoins changeants de l'environnement actuel. Utilisation de l'élasticité par les entreprises peut non seulement réduire les coûts, mais aussi améliorer leur efficacité en utilisant leurs ressources de manière plus intelligente et plus adaptée à la demande.

2.3   SCALABILITE

La scalabilité dans le cloud est un concept essentiel pour comprendre le fonctionnement de l'informatique en nuage. En termes simples, la scalabilité désigne la capacité d'un système ou d'une application à s'adapter en fonction des besoins et des demandes croissants. Cela signifie que le système peut être facilement étendu ou réduit en fonction de la charge de travail, sans affecter ses performances.

Dans le contexte du cloud, la scalabilité est souvent associée à la croissance de l'entreprise et à l'augmentation des besoins en matière de ressources informatiques. Les entreprises qui utilisent le cloud peuvent facilement augmenter ou réduire leur utilisation des ressources en fonction de leurs besoins, sans avoir à investir dans du matériel coûteux ou à subir des temps d'arrêt pour effectuer des mises à niveau.

L'un des principaux avantages de la scalabilité dans le cloud est sa flexibilité. Les entreprises peuvent facilement s'adapter aux fluctuations de la demande, ce qui leur permet de réduire les coûts en n'utilisant que les ressources nécessaires. Elle permet également aux entreprises de se développer plus rapidement, car elles peuvent facilement augmenter leurs ressources sans avoir à attendre l'installation de nouveaux serveurs ou équipements informatiques.

Cependant, il y a aussi des inconvénients à la scalabilité dans le cloud. Tout d'abord, elle peut être coûteuse pour les entreprises si elles ne gèrent pas correctement leurs ressources. Si elles ne surveillent pas leur utilisation, elles peuvent se retrouver avec des coûts élevés pour des ressources inutilisées. De plus, la scalabilité peut être un défi technique, car les entreprises doivent s'assurer que leurs applications et systèmes sont conçus pour être facilement extensibles et qu'ils fonctionnent correctement lorsqu'ils sont étendus.

En fin de compte, la scalabilité dans le cloud est un élément essentiel de la gestion des ressources informatiques pour les entreprises. Elle leur permet de s'adapter rapidement et efficacement aux changements, tout en leur offrant la possibilité de croître et de se développer sans être limitées par des contraintes matérielles. Cependant, il est important que les entreprises comprennent bien les coûts et les défis associés à la scalabilité afin de pouvoir en tirer pleinement parti.

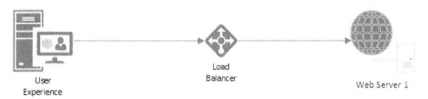

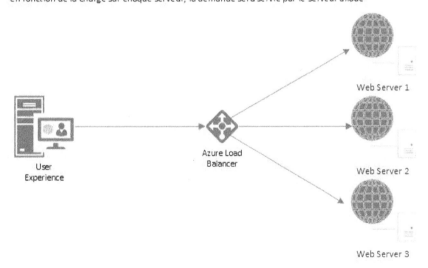

Figure 3- la Scalabilité dans le cloud

2.4   STOCKAGE DISTRIBUE

Le stockage distribué est un concept qui permet une répartition optimale des données sur plusieurs serveurs.

Cette méthode offre une meilleure redondance et une résilience accrue en cas de défaillance d'un serveur. Au lieu de stocker toutes les données sur un seul et unique serveur, le stockage distribué permet une distribution sur plusieurs serveurs, offrant ainsi une meilleure redondance et une plus grande résilience. Ainsi, en cas de panne d'un serveur, les données restent disponibles sur les autres serveurs. Cette méthode permet une meilleure utilisation de l'espace de stockage en répartissant les données sur différents serveurs plutôt que de tout concentrer sur un seul. Elle assure une disponibilité constante des informations et évite toute perte de données. Le stockage distribué offre une sécurité accrue en cas de défaillance ou de dysfonctionnement d'un serveur, car les données sont toujours accessibles à partir des autres serveurs. Par conséquent, cela permet une meilleure performance, car les données peuvent être récupérées à partir de différents serveurs en même temps. Dans l'ensemble, le stockage distribué est un outil indispensable pour les entreprises et les organisations ayant besoin d'une disponibilité élevée et d'une sécurité optimale pour leurs données sensibles. En répartissant les données de manière cohérente et stratégique sur plusieurs serveurs, cette méthode offre une solution fiable et efficace pour la gestion et la sécurisation d'un grand volume de données.

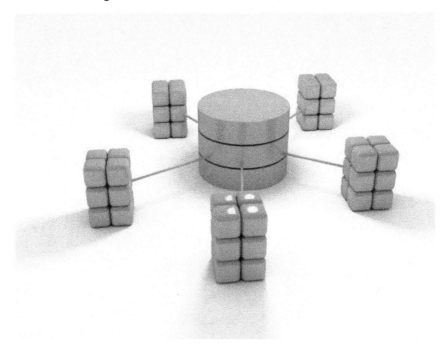

Figure 4 - Stockage distribué

2.5   SECURITE DANS LE CLOUD

12

La sécurité dans le cloud est devenue un enjeu majeur dans le monde de l'informatique. Avec la popularité croissante du cloud computing, de plus en plus d'entreprises et d'utilisateurs stockent leurs données sensibles sur des serveurs distants. Cela soulève des préoccupations concernant la confidentialité, l'intégrité et la disponibilité de ces données. Pour garantir un niveau de sécurité adéquat, il est essentiel de mettre en place des principes de sécurité spécifiques au cloud. Tout d'abord, la gestion des identités est un élément important pour assurer la sécurité dans le cloud. Cela implique de s'assurer que seules les personnes autorisées ont accès aux données et aux applications hébergées sur le cloud. Ensuite, le contrôle d'accès est un autre aspect important à considérer. Il consiste à définir des politiques de sécurité qui limitent l'accès aux données en fonction du rôle et des privilèges de chaque utilisateur. Le chiffrement des données est indispensable pour protéger les informations sensibles stockées dans le cloud contre toute tentative de violation de la confidentialité. La conformité aux réglementations est importante dans la sécurité du cloud, car les entreprises sont tenues de respecter les lois et règlements en matière de protection des données de leurs clients. La définition de la sécurité dans le cloud repose sur une combinaison de ces principes et leur mise en œuvre rigoureuse est essentielle pour garantir la protection des données et la confiance des utilisateurs.

Figure 5 - la sécurité dans le Cloud

CHAPITRE III

ARCHITECTURE ET CONCEPTION

Objectif

Ce chapitre a pour objectif de fournir aux lecteurs les connaissances et les outils nécessaires pour concevoir une architecture solide et efficace pour une migration réussie vers le cloud. Il aborde les caractéristiques principales du cloud et ses différentes stratégies de stockage

3   ARCHITECTURE ET CONCEPTION

L ors de la migration vers le cloud ou du développement d'applications natives du cloud, une architecture et conception soigneusement planifiées sont cruciales. Cela implique non seulement de tirer parti de l'élasticité et de l'évolutivité du cloud, mais aussi de s'assurer que les applications sont résilientes, disponibles et sécurisées. Nous allons explorer les principes d'architecture sur le cloud, la conception pour la haute disponibilité et la résilience, ainsi que les stratégies de stockage et de bases de données.

3.1   PRINCIPES D'ARCHITECTURE SUR LE CLOUD

Ces principes sont fondamentaux pour le développement et la gestion efficaces des applications dans le cloud. Ils aident à maximiser la fiabilité, la performance et l'efficacité tout en minimisant les coûts et les temps d'arrêt. Ils reposent sur l'automatisation, le sans état, l'isolation des défaillances, l'élasticité et la scalabilité.

L'élasticité et la scalabilité permettent aux applications de s'ajuster automatiquement à la charge de travail, assurant ainsi que les ressources sont optimisées en fonction de la demande. Cela signifie que pendant les périodes de forte demande, le système peut s'étendre pour gérer la charge supplémentaire, et se rétracter lorsqu'elle diminue, optimisant ainsi les coûts.

Le sans état, également appelé étatless fait référence à un type d'architecture informatique dans laquelle les serveurs ne stockent pas d'informations sur les demandes qu'ils reçoivent. Au lieu de cela, chaque demande est traitée de manière indépendante, sans qu'il y ait de mémoire ou de données persistantes. Cela permet une plus grande flexibilité et une meilleure évolutivité du système, car les serveurs peuvent être ajoutés ou supprimés sans impact sur les autres.

L'Isolation des Défaillances permet de s'assurer qu'une erreur dans une partie de l'application n'affecte pas d'autres composants. Cela est indispensable pour la disponibilité et la fiabilité, car cela permet au reste de l'application de continuer à fonctionner même en cas de défaillance d'une partie.

L'automatisation quant à elle permet d'automatiser les processus de déploiement, de surveillance, et de gestion, elle réduit le risque d'erreurs humaines et permet une réponse rapide aux incidents. Cela augmente l'efficacité opérationnelle et permet aux équipes de se concentrer sur des tâches à plus haute valeur ajoutée.

En intégrant ces principes, les architectures cloud deviennent plus robustes, flexibles et économiques, permettant aux entreprises de rester compétitives dans un environnement technologique en rapide évolution.

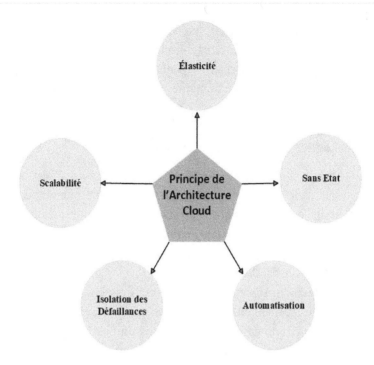

Figure 6- Les principes de l'Architecture Cloud

3.2   CONCEPTION POUR LA HAUTE DISPONIBILITE ET LA RESILIENCE

La conception pour la haute disponibilité et la résilience est un aspect essentiel du cloud computing. En effet, dans un environnement cloud, il est primordial que les services soient continuellement disponibles pour répondre aux besoins des utilisateurs. La haute disponibilité se réfère à la capacité d'un système à être opérationnel et accessible en tout temps, sans interruptions ni défaillances. Quant à la résilience, elle désigne la capacité d'un système à se remettre rapidement d'une panne ou d'un incident.

Pour assurer une haute disponibilité et une résilience dans le cloud, plusieurs stratégies sont mises en place. Tout d'abord, la réplication multizone est une technique qui consiste à répliquer les données et les services dans différentes zones géographiques. Ainsi, en cas de panne ou d'incident dans une zone, les utilisateurs peuvent être redirigés vers une autre zone, assurant ainsi une continuité de service.

De plus, les fournisseurs de cloud utilisent également des technologies de virtualisation telles que la migration à chaud. Cette dernière permet de déplacer une machine virtuelle d'un serveur à un autre sans interruption de service. Ainsi, en cas de défaillance d'un serveur physique, les machines virtuelles peuvent être rapidement déplacées vers un autre serveur disponible, minimisant ainsi les temps d'arrêt.

Enfin, elle implique également la mise en place de mécanismes de détection et de correction automatiques des pannes. Les fournisseurs de cloud utilisent des outils de surveillance et de gestion pour détecter les pannes et prendre des mesures correctives automatiquement, sans intervention humaine.

3.3   STRATEGIES DE STOCKAGE ET DE BASES DE DONNEES

3.3.1   Le stockage et ces Stratégies dans on-premises

Le stockage dans un environnement on-premises est un élément indispensable pour toute entreprise ou organisation qui gère une grande quantité de données. Il s'agit de l'espace physique où sont conservées toutes les informations et les fichiers nécessaires au bon fonctionnement de l'entreprise. Il existe plusieurs types de stockage, tels que le stockage local sur disque dur, le stockage sur serveur ou encore le stockage sur bande magnétique.

La première stratégie de stockage dans un environnement on-premises est la redondance des données. Il s'agit de dupliquer les informations sur plusieurs supports de stockage afin d'éviter toute perte de données en cas de défaillance d'un seul support. Cette stratégie est essentielle pour garantir la sécurité et la disponibilité des données en cas d'incident.

Une autre stratégie importante est la hiérarchisation des données. Il s'agit de classer les données en fonction de leur importance et de leur fréquence d'utilisation. Les données les plus critiques et les plus fréquemment utilisées seront stockées sur des supports à accès rapide, tandis que les données moins importantes pourront être stockées sur des supports à accès plus lent. Cette stratégie permet d'optimiser l'utilisation de l'espace de stockage et de réduire les coûts.

La gestion des sauvegardes est également une stratégie clé dans un environnement on-premises. Elle consiste à effectuer régulièrement des sauvegardes des données afin de pouvoir les restaurer en cas de perte ou de dommages. Les sauvegardes peuvent être effectuées sur différents supports de stockage et doivent être planifiées de manière à garantir une protection optimale des données.

Enfin, la sécurité des données est une préoccupation majeure dans un environnement on-premises. Il est essentiel de mettre en place des mesures de sécurité telles que des pare-feux, des antivirus et des systèmes de détection d'intrusion pour protéger les données contre les attaques malveillantes ou les fuites d'informations.

3.3.2   Le stockage et ses Stratégies dans le cloud

Dans un environnement cloud, le stockage peut être géré de différentes manières en fonction des besoins et des stratégies mises en place.

La première stratégie de stockage dans le cloud est le stockage en bloc. Il s'agit d'un système de stockage qui divise les données en blocs et les stocke sur des disques durs virtuels. Cette méthode est idéale pour les applications nécessitant un accès rapide et fréquent aux données, comme les bases de données. Toutefois, elle peut être coûteuse en raison du besoin de capacité de stockage élevée.

La deuxième stratégie est le stockage en objet. Il s'agit d'un système de stockage qui stocke les données sous forme d'objets, avec un identifiant et des métadonnées associées. Cette méthode est plus économique que le stockage en bloc, mais elle est moins performante pour les opérations de lecture et d'écriture fréquentes.

Une autre stratégie populaire est le stockage en fichiers. Il s'agit d'un système de stockage qui utilise une arborescence de fichiers pour organiser les données. Cette méthode est idéale pour les fichiers volumineux et nécessitant un accès constant. Cependant, elle peut être moins efficace pour les petits fichiers et peut entraîner des problèmes de cohérence des données en cas de stockage en plusieurs endroits.

Enfin, il existe également des stratégies de stockage hybrides dans le cloud, qui combinent différentes méthodes pour répondre à des besoins spécifiques. Par exemple, une entreprise peut utiliser le stockage en bloc pour ses données critiques nécessitant une haute performance, tandis que le stockage en objet est utilisé pour les données moins fréquemment utilisées.

Dans l'ensemble, le stockage dans un environnement cloud offre une grande flexibilité et une évolutivité pour répondre aux besoins de stockage des entreprises. Les stratégies de stockage doivent être soigneusement évaluées en fonction des besoins spécifiques de l'entreprise pour s'assurer que les données sont stockées de manière efficace, sécurisée et économique.

3.3.3 Avantages et inconvénients du stockage et de ces Stratégies dans le cloud ou on-premises

Le stockage dans un environnement cloud présente plusieurs avantages, notamment en termes de coût et de flexibilité. Tout d'abord, le stockage cloud est généralement moins cher que le stockage on-premises, car il n'y a pas de coûts initiaux liés à l'achat de serveurs et de matériel de stockage. De plus, les fournisseurs de services cloud proposent souvent des tarifs flexibles, permettant aux entreprises de payer uniquement pour l'espace de stockage dont elles ont réellement besoin.

Un autre avantage du stockage cloud est sa scalabilité. Les entreprises peuvent facilement augmenter ou diminuer leur espace de stockage en fonction de leurs besoins, sans avoir à investir dans de nouveaux équipements ou à effectuer des mises à niveau coûteuses. Cela peut être particulièrement utile pour les entreprises en croissance qui ont besoin d'une capacité de stockage accrue.

En termes de sécurité, le stockage cloud peut également offrir une protection accrue contre les pertes de données. Les fournisseurs de services cloud prennent généralement des mesures de sécurité strictes pour protéger les données de leurs clients, telles que le cryptage des données, les sauvegardes régulières et les pares-feux. Cela peut être un avantage pour les entreprises qui ne disposent pas des ressources ou des compétences nécessaires pour assurer la sécurité de leurs données on-premises.

Cependant, le stockage cloud présente également certains inconvénients. Tout d'abord, les entreprises doivent être conscientes de la dépendance qu'elles ont envers leur fournisseur de services cloud. Si le fournisseur rencontre des problèmes techniques ou cesse ses activités, cela peut avoir un impact sur l'accès aux données et sur la continuité des activités de l'entreprise.

De plus, le stockage cloud peut être moins performant que le stockage on-premises en termes de vitesse d'accès aux données. Cela peut être un inconvénient pour les entreprises qui ont besoin d'un accès rapide à leurs données pour des tâches telles que l'analyse en temps réel.

En ce qui concerne les stratégies de stockage, le choix entre le stockage cloud et on-premises dépendra des besoins spécifiques de chaque entreprise. Les entreprises qui ont besoin d'un stockage à grande échelle et qui ont des ressources limitées pour investir dans du matériel peuvent trouver avantageux d'opter pour le stockage cloud. Cependant, pour les entreprises qui ont besoin d'un accès rapide et sécurisé à leurs données, le stockage on-premises pourrait être la meilleure option. Certaines entreprises peuvent également opter pour une stratégie hybride, en utilisant à la fois le stockage cloud et on-premises pour répondre à différents besoins.

En résumé, le stockage cloud offre une flexibilité et une scalabilité intéressantes pour les entreprises, tandis que le stockage on-premises peut offrir de meilleures performances et un plus grand contrôle sur les données. Le choix entre ces deux options dépendra des besoins et des priorités spécifiques de chaque entreprise. Il est important de bien évaluer les avantages et les inconvénients de chaque stratégie de stockage avant de prendre une décision.

3.3.4 Les bases de données et ses Stratégies dans on-premises

Les bases de données sont des outils essentiels pour stocker et gérer des informations de manière organisée et sécurisée. Dans un environnement on-premises, cela signifie que les bases de données sont hébergées et gérées sur des serveurs locaux, au sein de l'entreprise. Les stratégies de gestion des bases de données peuvent être définies comme des règles et des procédures mises en place pour garantir la fiabilité, la sécurité et la performance des bases de données.

Les bases de données on-premises offrent plusieurs avantages, notamment une plus grande confidentialité et un meilleur contrôle sur les données sensibles de l'entreprise. Cela est dû au fait que les données ne sont pas stockées sur des serveurs externes, ce qui réduit les risques de violation de sécurité. De plus, les bases de données on-premises permettent une personnalisation et une intégration plus poussées avec d'autres systèmes de l'entreprise.

Cependant, la gestion des bases de données on-premises peut être complexe et nécessite une expertise technique et des ressources importantes. C'est pourquoi il est important de mettre en place des stratégies efficaces pour assurer le bon fonctionnement des bases de données. Ces stratégies peuvent inclure des sauvegardes régulières, des tests de performance, des mises à jour de sécurité et des procédures de récupération en cas de défaillance du système.

Par ailleurs, les bases de données on-premises peuvent également être optimisées grâce à l'utilisation de techniques telles que la virtualisation, qui permet de réduire les coûts et d'améliorer la flexibilité et l'évolutivité des bases de données.

3.3.5 Les bases de données et ses Stratégies dans le cloud

Les bases de données dans le cloud sont des bases de données hébergées sur des serveurs distants et accessibles via internet.

Les stratégies de bases de données dans le cloud sont des méthodes et des techniques mises en place pour optimiser la gestion et l'utilisation des bases de données dans cet environnement. Parmi ces stratégies, on retrouve la répartition des données sur plusieurs serveurs, appelée "sharding". Cette méthode permet de répartir la charge de travail sur différents serveurs, ce qui améliore les performances et la disponibilité des données.

Une autre stratégie couramment utilisée dans le cloud est la mise en place de sauvegardes et de récupérations automatiques des données. Cela permet de garantir la sécurité et la disponibilité des données en cas de panne ou de dysfonctionnement d'un serveur.

Les bases de données dans le cloud peuvent également être configurées pour s'adapter à la demande, en augmentant ou en réduisant automatiquement la capacité de stockage en fonction des besoins. Cette flexibilité permet aux entreprises de payer uniquement pour les ressources qu'elles utilisent réellement.

Enfin, les stratégies de bases de données dans le cloud incluent souvent des mesures de sécurité renforcées, telles que le cryptage des données et l'authentification à plusieurs niveaux. Cela garantit la confidentialité des données sensibles et protège contre les cyberattaques.

3.3.6 Avantages et inconvénients des bases de données et de ses stratégies dans le cloud ou on-premises

Il existe des avantages et des inconvénients à la fois pour les bases de données dans le cloud et sur site (on-premises).

L'un des principaux avantages des bases de données dans le cloud est qu'elles offrent une flexibilité et une évolutivité accrues. Dans le cloud, les ressources informatiques peuvent être facilement ajustées en fonction des besoins de l'utilisateur, ce qui permet de gérer des volumes de données plus importants sans avoir à investir dans du matériel supplémentaire. L'utilisateur peut également accéder aux données en tout temps et en tout lieu, ce qui facilite la collaboration et le travail à distance.

Un autre avantage des bases de données dans le cloud est leur coût. En utilisant une base de données dans le cloud, les entreprises peuvent économiser sur les coûts liés à l'achat, à la maintenance et à la mise à niveau de leur propre infrastructure informatique. De plus, les fournisseurs de services cloud offrent souvent des modèles de paiement flexibles, tels que le paiement à l'utilisation ou par abonnement, ce qui permet aux entreprises de mieux contrôler leurs dépenses.

Cependant, les bases de données dans le cloud ont également leurs inconvénients. L'un des principaux inconvénients est la dépendance à l'égard du fournisseur de services cloud. Les entreprises doivent faire confiance à leur fournisseur pour la sécurité et la disponibilité de leurs données, ce qui peut être un risque en cas de panne ou de violation de sécurité. De plus, les coûts peuvent augmenter avec l'utilisation, ce qui peut être problématique pour les entreprises dont les besoins en matière de stockage de données fluctuent.

En revanche, les bases de données sur site offrent un contrôle total sur l'infrastructure et les données. Elles peuvent être personnalisées en fonction des besoins spécifiques de l'entreprise et offrent une sécurité accrue en gardant les données dans un environnement interne. De plus, les coûts sont généralement plus prévisibles car ils sont liés à l'infrastructure existante de l'entreprise.

Cependant, les bases de données sur site peuvent également présenter des inconvénients, notamment des coûts initiaux élevés pour l'achat de matériel et de logiciels, ainsi que des coûts de maintenance et de mise à niveau continus. De plus, elles peuvent être limitées en termes d'évolutivité et de flexibilité, ce qui peut poser un problème pour les entreprises en croissance rapide ou ayant des besoins de stockage de données importants.

CHAPITRES IV

MODELES DE SERVICE DU CLOUD COMPUTING

Objectif

Ce chapitre permet de comprendre les différents modèles du cloud computing tels que le SaaS, le PaaS et le IaaS, ainsi que leurs spécificités et leurs avantages. Ce chapitre aidera les architectes de solutions SI à choisir le modèle le plus adapté à leurs besoins et à ceux de leurs clients. Il leur permettra également de mieux appréhender les aspects techniques et organisationnels liés à la migration des applications vers le cloud.

4   MODELES DE SERVICE DU CLOUD COMPUTING

L es différents modèles de services cloud disponibles fournissent chacun des fonctionnalités et des avantages spécifiques.

4.1   IAAS

Le modèle de service du cloud computing Iaas, ou Infrastructure as a Service, est l'un des trois principaux modèles de services du cloud computing, aux côtés du PaaS (Plateforme as a Service) et du SaaS (Software as a Service). Il s'agit d'un modèle dans lequel le fournisseur de services met à disposition des utilisateurs une infrastructure informatique à la demande, comprenant des serveurs, du stockage et des réseaux, pour leur permettre de déployer et de gérer leurs propres applications et systèmes d'exploitation.

L'Iaas est un modèle de service hautement évolutif et flexible, offrant aux utilisateurs un accès à des ressources informatiques à la demande, avec une tarification basée sur la consommation. Cela signifie que les utilisateurs peuvent facilement augmenter ou réduire leurs ressources en fonction de leurs besoins, sans avoir à investir dans une infrastructure coûteuse et complexe.

Un autre avantage majeur du modèle Iaas est la gestion déléguée de l'infrastructure. Le fournisseur de services est responsable de la maintenance, de la mise à niveau et de la sécurité de l'infrastructure, ce qui permet aux utilisateurs de se concentrer sur leurs applications et leurs données plutôt que sur la gestion de l'infrastructure.

En plus de cela, l'Iaas offre une grande flexibilité en termes de choix de système d'exploitation, de langages de programmation et d'environnements de développement. Les utilisateurs peuvent choisir les ressources dont ils ont besoin et les configurer selon leurs préférences, ce qui permet une personnalisation et une adaptation optimales de l'infrastructure en fonction des besoins de l'entreprise.

Ce modèle est généralement utilisé pour l'hébergement des application web, du stockage, sauvegarde et récupération de données, du support pour les applications, les tests et le développement.

Cependant, le modèle Iaas présente également quelques inconvénients, notamment une dépendance à l'égard du fournisseur de services et des problèmes potentiels de sécurité et de confidentialité des données. Elle nécessite des compétences techniques pour gérer l'infrastructure et peut entraîner des coûts supplémentaires en fonction de la consommation des ressources.Il est donc essentiel de bien choisir son fournisseur de services et de mettre en place des mesures de sécurité appropriées pour protéger les données sensibles.

4.2 PAAS

Le modèle Paas (Platform as a Service) est un modèle de fourniture de services cloud qui permet aux entreprises de déployer et de gérer des applications et des infrastructures sans avoir à investir dans des ressources matérielles et logicielles coûteuses. Ce modèle permet aux entreprises de se concentrer sur leur cœur de métier en leur offrant une plateforme complète pour développer, tester, déployer et gérer leurs applications.

En utilisant le modèle PaaS, les entreprises peuvent accéder à une variété de services tels que les serveurs, les bases de données, les outils de développement et de déploiement, ainsi qu'une infrastructure sécurisée et évolutive. Ces services sont gérés par le fournisseur de services cloud, ce qui permet aux entreprises de se décharger de la maintenance et de la gestion de leur infrastructure informatique.
L'un des avantages majeurs du modèle PaaS est sa flexibilité. Les entreprises peuvent facilement adapter leurs ressources informatiques en fonction de leurs besoins, en augmentant ou en réduisant leur utilisation des services en fonction de l'évolution de leur activité. De plus, le PaaS permet aux entreprises de réduire considérablement leurs coûts d'infrastructure, car elles ne paient que pour les services qu'elles utilisent réellement.

En outre, le PaaS facilite la collaboration et la communication au sein des équipes de développement. Les développeurs peuvent travailler en étroite collaboration sur une même plateforme, partager des outils et des ressources, et ainsi accélérer le processus de développement. De plus, grâce à l'utilisation de conteneurs et de microservices, le PaaS permet une mise à l'échelle rapide et efficace des applications, ce qui est essentiel pour répondre aux pics de demande ou aux besoins de croissance des entreprises.
Cependant, le modèle PaaS n'est pas sans inconvénients. Les entreprises doivent faire confiance à leur fournisseur de services cloud pour la sécurité et la disponibilité de leurs données et applications. De plus, l'utilisation du PaaS peut entraîner une dépendance à un fournisseur spécifique, ce qui peut être un risque en cas de changement de fournisseur.

4.3 SAAS

Le cloud computing Saas, également appelé Software as a Service, est un modèle informatique qui permet aux utilisateurs d'accéder à des applications en ligne, sans avoir à les installer sur leur ordinateur. Avec ce modèle, les logiciels sont hébergés sur des serveurs distants et sont accessibles via internet. Cette technologie offre de nombreux avantages, notamment en termes de coûts et de flexibilité. En effet, les utilisateurs n'ont pas besoin d'acheter et d'installer les applications, ce qui réduit considérablement les dépenses en matière de matériel et de maintenance. De plus, le cloud Saas permet une grande flexibilité, puisque les utilisateurs peuvent facilement ajouter ou supprimer des services en fonction de leurs besoins. En outre, grâce à la mise à jour régulière des logiciels par les fournisseurs de services, les utilisateurs bénéficient toujours des dernières versions sans avoir à s'en préoccuper. Ce modèle est également très pratique pour les entreprises qui ont des collaborateurs travaillant à distance, car il permet un accès facile et sécurisé aux applications. Cependant, le cloud Saas présente également des inconvénients, notamment en matière de sécurité des données. En effet, les informations stockées sur les serveurs distants peuvent être vulnérables en cas de piratage ou de défaillance du fournisseur de services. Il est donc important de choisir un fournisseur de confiance et de mettre en place des mesures de sécurité adéquates pour protéger les données sensibles. Malgré ces risques, le cloud Saas reste une solution très populaire pour les entreprises et les particuliers, offrant une grande souplesse et une réduction des coûts significative.

4.4   LE FAAS

Le cloud computing Faas (Function as a Service) est un modèle de cloud computing qui permet d'exécuter des fonctions informatiques à la demande, sans avoir à gérer l'infrastructure sous-jacente. Il s'agit d'une évolution du modèle Iaas (Infrastructure as a Service) et PaaS (Platform as a Service), dans lequel le fournisseur de services gère non seulement l'infrastructure, mais aussi les systèmes d'exploitation et les plates-formes de développement. Avec Faas, le fournisseur de services gère uniquement les fonctions informatiques, laissant aux utilisateurs le soin de gérer le reste de l'infrastructure.

Le modèle Faas permet aux entreprises de se concentrer sur le développement de leurs applications plutôt que sur la gestion de leur infrastructure. Les fonctions informatiques peuvent être déployées et exécutées à la demande, en utilisant uniquement les ressources nécessaires, ce qui permet une plus grande flexibilité et une réduction des coûts. De plus, les utilisateurs ne paient que pour les fonctions qu'ils utilisent réellement, ce qui rend le modèle Faas plus économique que les modèles Iaas et PaaS traditionnels.

Un autre avantage du modèle Faas est la scalabilité automatique. Les fonctions informatiques peuvent être dimensionnées automatiquement en fonction de la demande, ce qui permet de répondre rapidement aux pics de trafic sans avoir à gérer manuellement l'ajout ou la suppression de ressources. Cela rend également le modèle

Faas adapté aux applications à forte intensité de calcul, car les ressources peuvent être augmentées en temps réel pour répondre aux besoins.

En outre, le modèle Faas offre une sécurité renforcée grâce à l'isolation des fonctions informatiques. Chaque fonction s'exécute dans son propre environnement isolé, ce qui réduit les risques de failles de sécurité ou de conflits avec d'autres fonctions. De plus, les fournisseurs de services Faas sont responsables de la sécurité de l'infrastructure sous-jacente, ce qui permet aux entreprises de se concentrer sur le développement de leurs applications sans avoir à se soucier de la sécurité.

En résumé, le modèle Faas est une évolution majeure dans le domaine du cloud computing, offrant aux entreprises une plus grande flexibilité, une réduction des coûts, une scalabilité automatique et une sécurité renforcée. Il permet également aux développeurs de se concentrer sur l'innovation plutôt que sur la gestion de l'infrastructure. Avec l'essor des technologies telles que l'Internet des objets et l'intelligence artificielle, le modèle Faas devrait continuer à gagner en popularité et à révolutionner la façon dont les entreprises développent et déploient leurs applications.

4.5 CAAS

Le modèle du cloud computing Caas (Containers as a Service) est une approche innovante pour la gestion des applications dans le cloud. Il s'agit d'une méthode de déploiement et de gestion de conteneurs virtuels, qui permet aux entreprises de créer, d'exécuter et de gérer leurs applications de manière plus efficace et plus économique.

Le principe du Caas est basé sur l'utilisation de conteneurs, qui sont des environnements d'exécution isolés pour les applications. Ces conteneurs permettent de regrouper toutes les ressources nécessaires à l'exécution d'une application, telles que les fichiers, les bibliothèques et les dépendances, dans un seul et même endroit. Ainsi, les applications peuvent être facilement déployées et exécutées sur n'importe quel environnement en utilisant le même conteneur.

L'avantage principal du Caas est qu'il permet une plus grande flexibilité et une meilleure portabilité des applications. En effet, les conteneurs sont indépendants de l'infrastructure sous-jacente, ce qui signifie qu'ils peuvent être déployés sur n'importe quel serveur, dans le cloud ou sur site, sans avoir à modifier l'application elle-même. Cela permet également une plus grande évolutivité, car les conteneurs peuvent être facilement dupliqués et déployés pour répondre à une demande croissante.

En plus de la flexibilité et de la portabilité, le Caas offre également une meilleure efficacité en termes de coûts. Avec ce modèle, les entreprises ne paient que pour les ressources qu'elles utilisent réellement, ce qui peut être plus économique que d'avoir des serveurs dédiés pour chaque application. De plus, le Caas permet une gestion plus centralisée des applications, ce qui réduit la charge de travail pour les équipes informatiques.

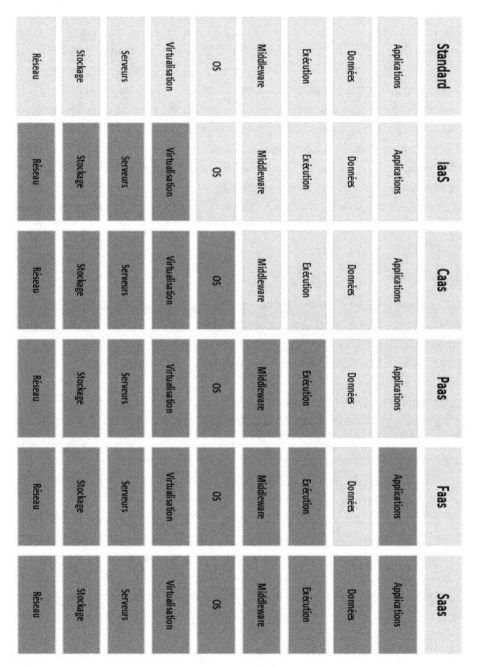

Figure 7 - les modèles de services Cloud

CHAPITRE V

MODELES DE DEPLOIEMENT DU CLOUD

Objectif

Ce chapitre fournit aux architectes solution SI les connaissances nécessaires pour choisir le modèle de déploiement le plus adapté à leurs besoins et à ceux de leur entreprise. Il présente les différents modèles de déploiement du cloud tels que le cloud public, privé et hybride, en expliquant leurs avantages et leurs inconvénients. Il offre également des conseils pratiques sur les bonnes pratiques à suivre pour une transition réussie vers le cloud.

5 MODELES DE DEPLOIEMENT DU CLOUD

L es modèles de déploiement du cloud offrent différentes méthodes pour accéder et gérer les ressources informatiques à travers le cloud computing. Ces modèles incluent le cloud public, le cloud privé, le cloud hybride, et le cloud communautaire, chacun ayant ses propres caractéristiques, avantages et défis.

5.1 LE CLOUD PUBLIC

Le cloud public est un modèle de cloud computing dans lequel un prestataire de services met à disposition des ressources informatiques (comme des serveurs, du stockage, des applications et des services réseau) sur Internet. Ces ressources sont accessibles à tout utilisateur qui souhaite les utiliser et les payer, généralement à travers un modèle de paiement à l'utilisation. Les infrastructures de cloud public sont hébergées, gérées et maintenues par le fournisseur de services cloud. Avec ce modèle, pas besoin d'investir dans du matériel ou dans des installations physiques d'où la réduction des coûts d'exploitation et de maintenance. Les ressources peuvent être ajustées rapidement pour répondre aux besoins changeants, permettant une grande flexibilité opérationnelle, les services sont régulièrement mis à jour par le fournisseur, garantissant l'accès aux dernières technologies sans effort supplémentaire de la part des utilisateurs, de plus les services sont accessibles de n'importe où via Internet, facilitant le travail à distance et la collaboration globale. Mais l'inconvénient d'un tel modèle réside sur les préoccupations liées à la sécurité des données, car les données sont stockées hors site et gérées par un tiers, les performances des applications déployés peuvent être affectée par la charge sur les infrastructures partagées et la bande passante Internet disponible et surtout des risques liés à la dépendance envers le fournisseur de services cloud, notamment en termes de disponibilité du service et de contrôle sur les données.

5.2 LE CLOUD PRIVE

Le cloud privé désigne un modèle de cloud computing où les ressources informatiques sont exclusivement dédiées à une seule entreprise ou entité. Contrairement au cloud public, où les ressources sont partagées entre plusieurs utilisateurs, un cloud privé est conçu pour le service d'une unique entité, offrant un contrôle complet sur les données, la sécurité et la qualité de service. Les infrastructures de cloud privé peuvent être hébergées sur site (dans les locaux de l'entreprise) ou hors site (par un fournisseur de services tiers), mais elles restent toujours sous le contrôle exclusif de l'entreprise. L'avantage de ce type de modèle réside sur le contrôle complet des environnements, permettant une gestion fine des ressources, de la sécurité et de la conformité, de la réduction des risques de fuites de données et offre une meilleure isolation par rapport aux menaces externes. Ses inconvénients sont liés à la mise en place et la gestion. Elle nécessite un investissement initial important, ainsi que des coûts opérationnels continus pour la maintenance et l'administration, de la complexité de gestion du réseau, et de la scalabilité limitée.

5.3   LE CLOUD HYBRIDE

Le cloud hybride est un modèle de cloud computing qui combine l'utilisation de cloud privé (infrastructures informatiques dédiées à une seule organisation) et de cloud public (services de cloud computing fournis sur Internet par des tiers) au sein d'une même architecture. Ce modèle permet aux entreprises de mixer et d'associer les ressources en fonction de leurs besoins spécifiques, offrant ainsi une flexibilité et une optimisation des ressources informatiques. Il permet une adaptation rapide aux changements de besoins en ressources, en combinant le meilleur des deux mondes. De stocker des données sensibles sur le cloud privé tout en utilisant les ressources moins coûteuses du cloud public pour d'autres tâches. De faciliter le respect des réglementations en permettant aux entreprises de choisir où stocker leurs données et en offrant une diversité des environnements pour une meilleure continuité d'activité. Son inconvénient réside sur la gestion d'un environnement plus complexe en raison de la nécessité d'intégrer et de gérer plusieurs plateformes et fournisseurs. Les coûts de transfert de données et la gestion peuvent augmenter les dépenses.

5.4   LE CLOUD COMMUNAUTAIRE

Le cloud communautaire est un modèle de cloud computing conçu pour répondre aux besoins d'un groupe spécifique d'organisations ou d'entités ayant des préoccupations communes (telles que la sécurité, la réglementation, la mission ou les exigences de performance). Dans ce modèle, l'infrastructure cloud est partagée entre plusieurs organisations au sein d'une communauté spécifique, souvent avec des objectifs ou des exigences réglementaires similaires, permettant une collaboration efficace et une optimisation des ressources.

Dans le cloud communautaire, le partage des ressources et des infrastructures peut réduire les coûts pour les organisations participantes par rapport à la mise en place de leur propre infrastructure cloud privé. Elle peut être personnalisé pour répondre aux exigences spécifiques de sécurité, de conformité et de performance de la communauté, offrant une solution plus adéquate que ce qui pourrait être disponible via des clouds publics standards. Elle offre un niveau de sécurité et de protection des données potentiellement supérieur au cloud public, car l'infrastructure est conçue pour répondre aux exigences spécifiques de la communauté. Le cloud communautaire est généralement utilisé par des institutions gouvernementales, des organisations de recherche, ou des industries réglementées, permettant ainsi la collaboration sur des projets communs, le partage des données de recherche, l'optimisation des ressources informatiques et aussi la mutualisation des coûts

Chacun de ces modèles de déploiement du cloud offre des avantages uniques et répond à des besoins spécifiques. La sélection du modèle approprié dépend des objectifs spécifiques de l'entreprise, de ses exigences en termes de sécurité, de conformité, de coût, et de sa stratégie IT globale. Le cloud hybride, en particulier, se présente comme une solution polyvalente qui peut aider les entreprises à naviguer dans le paysage complexe du cloud computing en tirant parti des avantages de chaque modèle.

CHAPITRES VI

AVANTAGES DU CLOUD COMPUTING

Objectif

Ce chapitre vise à fournir aux lecteurs une compréhension approfondie des bénéfices qu'ils peuvent tirer de la migration de leurs applications vers le cloud. En explorant les avantages tels que la flexibilité, l'évolutivité, la réduction des coûts et la sécurité renforcée, les lecteurs pourront mieux comprendre pourquoi le cloud computing est devenu la norme pour de nombreuses entreprises. Ce chapitre les guidera également dans la prise de décisions éclairées en matière de migration vers le cloud, en mettant en évidence les avantages spécifiques qui peuvent être pertinents pour leur entreprise et en leur donnant les informations nécessaires pour mettre en place une stratégie efficace de migration vers le cloud.

6 AVANTAGES DU CLOUD COMPUTING

L a migration vers le cloud est devenue une tendance incontournable pour les entreprises souhaitant optimiser leur infrastructure informatique. Cette transition vers des services cloud présente de nombreux avantages, notamment la réduction des coûts, l'agilité accrue, la sécurité améliorée et l'évolutivité. Tout d'abord, en choisissant le cloud, les entreprises peuvent réduire considérablement leurs dépenses liées à l'achat et à la maintenance d'équipements informatiques, ainsi qu'à la gestion de serveurs et de logiciels. Le cloud offre une flexibilité et une agilité qui permettent aux entreprises de s'adapter rapidement aux changements du marché et de leurs besoins en matière de ressources informatiques. La migration vers le cloud peut également améliorer la sécurité des données, car les fournisseurs de services cloud ont généralement des mesures de sécurité avancées et des équipes d'experts en sécurité pour protéger les données de leurs clients. Le cloud permet aux entreprises de gérer leurs ressources informatiques en fonction de leurs besoins, ce qui leur permet de gérer efficacement leur activité. Dans l'ensemble, la migration vers le cloud offre de nombreux avantages qui peuvent aider les entreprises à améliorer leur efficacité et leur compétitivité sur le marché.

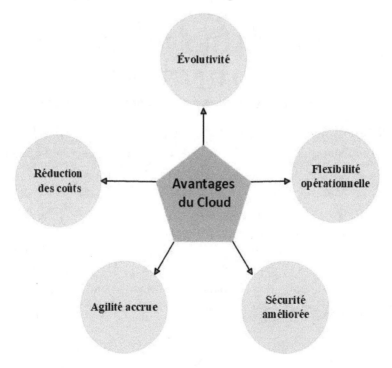

Figure 8 - les Avantages du Cloud

6.1   REDUCTION DES COUTS

Le principe de réduction de coûts est un enjeu indispensable dans les entreprises, que ce soit dans un environnement on-premises ou dans le cloud. Dans un environnement on-premises, les coûts sont généralement plus élevés car les entreprises doivent investir dans l'infrastructure, les serveurs, les logiciels et les licences nécessaires pour faire fonctionner leur système informatique. Cela implique également des coûts supplémentaires pour la maintenance, les mises à jour et les éventuelles réparations. Cependant, l'avantage de ce modèle est que les entreprises ont un contrôle total sur leur infrastructure et leurs données, ce qui peut être crucial pour certaines industries sensibles.

En revanche, dans le cloud, les coûts sont généralement plus bas car les entreprises n'ont pas à investir dans une infrastructure physique. Elles paient uniquement pour les ressources informatiques qu'elles utilisent, ce qui leur permet de réduire considérablement leurs coûts initiaux. De plus, les fournisseurs de cloud proposent souvent des options de paiement à l'utilisation, ce qui permet aux entreprises de payer uniquement pour ce qu'elles utilisent réellement. Cela leur permet d'ajuster facilement leur utilisation en fonction de leurs besoins et de réaliser des économies importantes.

Cependant, il est important de noter que les coûts dans le cloud peuvent augmenter si les entreprises ne surveillent pas leur utilisation et ne gèrent pas efficacement leurs ressources. De plus, la dépendance à un fournisseur de cloud peut être un risque pour certaines entreprises, car elles n'ont pas un contrôle total sur leurs données et leur infrastructure.

6.2   AGILITE ACCRUE

L'agilité est un terme de plus en plus utilisé dans le monde de l'informatique, et cela est dû en grande partie à l'avènement des environnements on-premises et du cloud. Ces deux environnements offrent une flexibilité et une rapidité d'exécution accrues par rapport aux méthodes traditionnelles. Cependant, il existe des différences notables entre ces deux environnements en termes d'agilité.

Dans un environnement on-premises, les entreprises gèrent leur infrastructure informatique en interne, ce qui leur donne un contrôle total sur leur environnement. Cela signifie qu'elles peuvent facilement effectuer des changements et des mises à niveau en fonction de leurs besoins spécifiques, sans dépendre d'un fournisseur externe. Cependant, cela peut également être un processus lent et coûteux, car il nécessite des investissements en termes de matériel, de logiciel et de main-d'œuvre. En revanche, dans un environnement de cloud computing, les entreprises dépendent d'un fournisseur de services pour gérer leur infrastructure informatique. Cela leur permet de bénéficier d'une agilité accrue car elles peuvent facilement augmenter ou réduire leurs ressources informatiques en fonction de leurs besoins en temps réel. De plus, les mises à jour et les mises à niveau sont gérées par le fournisseur de services, ce qui élimine la charge de travail et les coûts liés à la maintenance de l'infrastructure. En bref, l'agilité est un facteur indispensable pour les entreprises qui souhaitent rester compétitives dans un marché en constante évolution. Les environnements on-premises offrent un contrôle total sur l'infrastructure informatique, tandis que le cloud computing offre une flexibilité et une évolutivité rapides. Le choix entre ces deux options dépend des besoins spécifiques de chaque entreprise, mais une chose est sûre : l'agilité est essentielle pour s'adapter aux changements et rester compétitif dans un monde de plus en plus numérique.

6.3   ÉVOLUTIVITE

L'évolutivité est un concept de base dans la gestion des environnements informatiques, qu'ils soient on-premises ou dans le cloud. Dans un environnement on-premises, l'évolutivité se réfère à la capacité d'un système à s'adapter et à supporter une croissance en termes de ressources et de capacités. Cela peut impliquer l'ajout de nouveaux serveurs, de stockage ou de réseau pour répondre aux besoins en constante évolution de l'entreprise.

Cependant, dans un environnement cloud, l'évolutivité prend une toute nouvelle dimension. Grâce à l'utilisation de ressources virtuelles, l'évolutivité dans le cloud est beaucoup plus rapide et flexible que dans un environnement on-premises. Les entreprises peuvent facilement ajouter ou réduire des ressources en fonction de leurs besoins en temps réel, sans avoir à investir dans du matériel supplémentaire ou à supporter des coûts de maintenance élevés.

L'un des avantages majeurs de l'évolutivité dans le cloud est la réduction des coûts. En utilisant uniquement les ressources nécessaires à un moment donné, les entreprises peuvent éviter les dépenses inutiles de matériel et de maintenance. De plus, l'évolutivité dans le cloud permet une meilleure gestion des pics de trafic ou de charge, ce qui peut être bénéfique pour les entreprises dont l'activité varie en fonction de saisons ou de promotions.

Enfin, l'évolutivité dans le cloud offre également une plus grande agilité et une meilleure réactivité aux changements du marché. Les entreprises peuvent facilement s'adapter à la demande et aux évolutions du marché, sans être limitées par leur infrastructure informatique. Cela peut contribuer à une meilleure compétitivité et à une croissance plus rapide de l'entreprise.

6.4   SECURITE AMELIOREE

La sécurité est un sujet existentiel dans l'environnement informatique, que ce soit dans le cadre on-premises ou dans le cloud. Cependant, avec l'avancée technologique et l'augmentation des cyberattaques, il est devenu indispensable d'améliorer la sécurité dans ces deux environnements. Dans un environnement on-premises, la sécurité est gérée en interne par l'entreprise elle-même. Cela peut être un avantage car elle a un contrôle total sur ses données et peut mettre en place des mesures de sécurité personnalisées. Cependant, cela peut également être un inconvénient car cela nécessite des investissements en temps et en ressources pour maintenir et mettre à jour les systèmes de sécurité. D'un autre côté, dans le cloud, la sécurité est prise en charge par le fournisseur de services. Cela signifie que l'entreprise n'a pas à se soucier de la gestion des systèmes de sécurité, ce qui lui permet de se concentrer sur son activité principale. De plus, les fournisseurs de services cloud ont des équipes de sécurité dédiées et des technologies de pointe pour protéger les données de leurs clients. Cela se traduit par une sécurité améliorée et des risques réduits pour les entreprises. De plus, le cloud offre une flexibilité en termes mise à l'échelle des ressources de sécurité en fonction des besoins de l'entreprise, ce qui peut être un avantage significatif en cas de pic d'activité ou de cyberattaque.

En choisissant de stocker leurs données dans le Cloud, les entreprises peuvent donc bénéficier d'une sécurité améliorée et d'une tranquillité d'esprit.

6.5 FLEXIBILITE OPERATIONNELLE

La flexibilité opérationnelle est un aspect capital dans la gestion des systèmes informatiques, que ce soit dans un environnement on-premises ou dans le cloud. Dans un environnement on-premises, la flexibilité opérationnelle se réfère à la capacité d'adapter rapidement et facilement les ressources informatiques en fonction des besoins de l'entreprise. Cela peut inclure l'ajout ou la suppression de serveurs, de stockage ou d'autres équipements pour répondre à la demande.

Cependant, dans le cloud, la flexibilité opérationnelle est encore plus avancée. Grâce à la virtualisation et à l'automatisation, les ressources informatiques peuvent être déployées et configurées en quelques minutes, voire en quelques secondes, en fonction des besoins de l'entreprise. De plus, dans le cloud, les ressources peuvent être facilement redimensionnées à la hausse ou à la baisse en fonction de la demande, permettant ainsi aux entreprises de payer uniquement pour ce qu'elles utilisent réellement.

Cela offre de nombreux avantages dans le cloud, notamment une réduction des coûts, une meilleure efficacité et une plus grande agilité. En ayant une flexibilité opérationnelle accrue, les entreprises peuvent rapidement s'adapter aux changements du marché et aux besoins de leurs clients, sans avoir à investir dans des infrastructures coûteuses et encombrantes.

En fin de compte, la flexibilité opérationnelle dans le cloud offre un avantage concurrentiel aux entreprises en leur permettant de rester agiles et réactives dans un environnement en constante évolution. C'est pourquoi de plus en plus d'entreprises optent pour le cloud pour leur infrastructure informatique, afin de bénéficier de cette flexibilité opérationnelle et de ses nombreux avantages.

Le Cloud offre également une plus grande flexibilité en termes de mobilité et de télétravail. Les employés peuvent accéder aux données et aux applications depuis n'importe quel appareil connecté à Internet, ce qui facilite le travail à distance et augmente la productivité.

CHAPITRES VII

SURVEILLANCE CONTINUE DANS LE CLOUD

Objectif

Dans ce chapitre, nous explorerons l'importance de la surveillance et de la fiabilité des applications migrées vers le Cloud, en mettant en avant les outils, les bonnes pratiques et les stratégies clés pour garantir des performances optimales et une disponibilité continue.

7   SURVEILLANCE CONTINUE DANS LE CLOUD

A vec la croissance exponentielle de l'utilisation des services cloud, il est essentiel de s'assurer que ces environnements sont surveillés en permanence pour détecter les activités suspectes, les vulnérabilités de sécurité et les violations potentielles. Ces environnements sont de plus en plus ciblés par des cyberattaques et peuvent être confrontés à des menaces internes ou externes. Une surveillance continue permet donc de détecter rapidement tout comportement anormal et de prendre les mesures nécessaires pour réagir en cas d'incident. Cela peut inclure la mise en place de contrôles de sécurité supplémentaires ou la révision des politiques de sécurité en place. Une surveillance continue permet également de détecter les vulnérabilités de sécurité avant qu'elles ne soient exploitées par des attaquants, ce qui peut potentiellement éviter des violations de données coûteuses et préjudiciables pour une entreprise. La surveillance continue est un élément clé pour assurer la sécurité et la protection des données dans les environnements cloud, et doit être mise en place de manière cohérente et détaillée pour garantir une réactivité efficace en cas de situation critique.

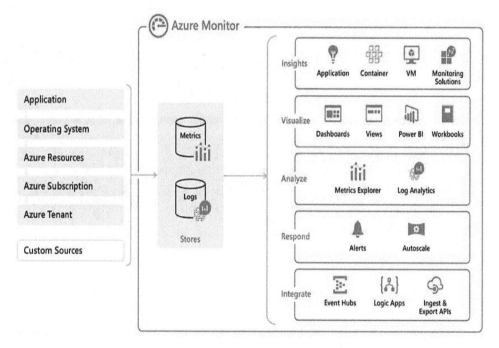

Figure 10 - Outils de surveillance Azure

7.1   SURVEILLANCE DE LA FIABILITE

La surveillance de la fiabilité est un élément indispensable dans le cadre d'une migration des applications vers le cloud. Il s'agit de la capacité à garantir que les applications fonctionnent correctement et de manière cohérente dans un environnement cloud. La fiabilité fait référence à la stabilité et à la disponibilité d'une application, ainsi qu'à sa capacité à résister à des pannes ou des interruptions de service. La surveillance de la fiabilité implique donc de suivre en temps réel les performances de l'application, de détecter les éventuels problèmes et de les résoudre rapidement afin de minimiser les temps d'arrêt et d'assurer une expérience utilisateur optimale. Dans le contexte d'une migration vers le cloud, la surveillance de la fiabilité est essentielle pour garantir une transition fluide et sans interruption de service pour les utilisateurs finaux. Elle permet également de s'assurer que les ressources cloud sont utilisées de manière efficace et que les coûts sont maîtrisés.

> **AWS**

AWS propose plusieurs outils dédiés à la surveillance de la fiabilité des applications. L'un des plus connus est Amazon CloudWatch, qui permet de collecter et de suivre les métriques de performances, les journaux d'applications et les événements système en temps réel. Il fournit également des alertes en cas de défaillance ou de baisse de performances, ce qui permet de réagir rapidement pour maintenir la fiabilité de l'application. AWS X-Ray est un autre outil qui permet de suivre et de déboguer les requêtes et les appels entre les différents composants d'une application distribuée, ce qui aide à identifier et à résoudre les problèmes de performance. AWS Trusted Advisor quant à lui, fournit des recommandations pour optimiser la configuration et l'utilisation des ressources AWS afin d'améliorer la fiabilité et la disponibilité de l'application. En utilisant ces outils, les développeurs peuvent surveiller en temps réel la fiabilité de leurs applications et prendre les mesures nécessaires pour garantir une expérience utilisateur sans faille.

> **Azure**

Azure propose plusieurs outils pour surveiller la fiabilité des applications. Tout d'abord, il y a Application Insights, qui permet de suivre les performances et les exceptions d'une application en temps réel. Grâce à des tableaux de bord personnalisables, les développeurs peuvent facilement détecter les problèmes et les résoudre rapidement. Ensuite, Azure Monitor offre une vue globale de la santé de l'application en surveillant les métriques, les journaux et les traces de diagnostic. Cela permet de détecter les problèmes de performance ou de disponibilité avant qu'ils n'affectent les utilisateurs. Enfin, Azure Service Health fournit des alertes en cas de dysfonctionnement des services Azure utilisés par l'application, ce qui permet de réagir rapidement en cas de panne ou de maintenance prévue. En combinant ces

41

outils, les développeurs peuvent assurer une surveillance complète et proactive de la fiabilité de leurs applications sur Azure.

7.2   SURVEILLANCE DES PERFORMANCES

Dans le cadre de la migration des applications vers le cloud, la surveillance des performances est un élément clé à ne pas négliger. En effet, lors de cette transition, il est important de s'assurer que les applications continuent de fonctionner de manière optimale et que les utilisateurs puissent y accéder sans interruption. Pour cela, il est nécessaire de mettre en place des outils de surveillance adaptés pour suivre en temps réel les performances des applications dans le cloud.

Tout d'abord, il est essentiel de définir des indicateurs clés de performance (KPI) pour chaque application migrée. Ces KPI permettent de mesurer différents aspects tels que le temps de réponse, la disponibilité, la capacité de traitement, etc. Ces données seront collectées en continu par les outils de surveillance et pourront être analysées pour détecter d'éventuelles anomalies.

Ensuite, il est important de surveiller l'infrastructure cloud elle-même. En effet, la performance des applications dépendra en grande partie de la qualité de l'infrastructure sur laquelle elles reposent. Ainsi, il est primordial de surveiller les ressources allouées (processeur, mémoire, espace de stockage) pour s'assurer qu'elles sont suffisantes et éviter ainsi tout ralentissement ou dysfonctionnement.

De plus, la surveillance des performances dans le cadre de la migration vers le cloud doit être proactive. Cela signifie qu'il est nécessaire de détecter les problèmes avant qu'ils ne se transforment en véritables incidents. Pour cela, les outils de surveillance doivent être capables d'envoyer des alertes en cas de dépassement de seuils ou de comportements anormaux. Cela permettra aux équipes techniques d'intervenir rapidement pour résoudre les problèmes et éviter toute interruption de service.

Enfin, la surveillance des performances ne s'arrête pas une fois la migration vers le cloud terminée. Il est important de continuer à surveiller les applications et l'infrastructure de manière régulière pour s'assurer que tout fonctionne correctement. De plus, cela permettra également de détecter d'éventuels besoins en termes d'optimisation ou d'évolution de l'infrastructure pour maintenir de bonnes performances.

> ➤ **AWS**

AWS (Amazon Web Services) propose une large gamme d'outils pour surveiller les performances de ses services cloud. L'un des outils les plus populaires est Amazon CloudWatch, qui permet de collecter et d'analyser les données de performance en temps réel. Il offre également des fonctionnalités de visualisation et d'alarme pour détecter et résoudre les problèmes de performance rapidement.

Un autre outil utile est AWS X-Ray, qui fournit une vue détaillée du comportement et des performances des applications en analysant les requêtes et les réponses entre les différents composants d'une application. Cela permet aux développeurs de diagnostiquer les problèmes de performance et d'améliorer les temps de réponse.

AWS CloudTrail est un service de journalisation qui enregistre toutes les actions effectuées sur les services AWS, fournissant ainsi une visibilité complète sur les activités et les modifications apportées à l'environnement cloud. Cela peut être utile pour surveiller les performances et identifier les problèmes liés à la sécurité ou aux changements de configuration.

Pour les applications en temps réel, AWS offre Amazon Kinesis pour collecter, traiter et analyser en continu des données de streaming à grande échelle. Cela peut être utilisé pour surveiller et déclencher des actions en temps réel en réponse à des événements de performance.

Enfin, AWS Auto Scaling est un outil qui surveille automatiquement les performances et ajuste automatiquement la capacité des ressources en fonction des besoins. Cela permet d'optimiser les performances et de réduire les coûts en fonction de la demande fluctuante des utilisateurs.

> **Azure**

Azure propose plusieurs outils précis pour la surveillance des performances de vos applications et de vos ressources cloud. L'un des outils les plus utilisés est Azure Monitor, qui permet de collecter, d'analyser et de visualiser les données de performances de vos ressources Azure telles que les machines virtuelles, les applications web et les bases de données. Il offre également des alertes en temps réel pour vous avertir en cas de problèmes de performances.

Un autre outil utile est Azure Application Insights, qui est conçu spécifiquement pour la surveillance des performances des applications web. Il permet de suivre les performances des requêtes, de détecter les erreurs et de suivre la disponibilité et l'utilisation de votre application.

Azure Log Analytics est un autre outil qui peut être utilisé pour surveiller les performances de vos ressources cloud. Il vous permet de collecter, de stocker et d'analyser les données de vos ressources Azure et de vos serveurs sur site, afin de détecter les problèmes de performances et de trouver des solutions.

Enfin, Azure Service Health vous permet de surveiller l'état de vos services Azure en temps réel et de recevoir des mises à jour en cas de problèmes ou de pannes affectant vos ressources. Cela vous aide à réagir rapidement et à minimiser les interruptions de service pour vos utilisateurs.

7.3   GESTION DES INCIDENTS

Dans un environnement où les ressources sont dématérialisées et partagées, il est essentiel de mettre en place des procédures claires et efficaces pour gérer les incidents et les pannes. Pour commencer, nous devons adopter les meilleures pratiques pour minimiser l'impact des incidents sur les activités de l'entreprise. Pour une gestion efficace des incidents, l'on doit mettre en place un plan de reprise d'activité, inclure des procédures détaillées pour rétablir rapidement les services en cas de panne ou de dysfonctionnement, tester régulièrement ce plan pour s'assurer qu'il est fiable en cas de besoin, établir des procédures de résolution des incidents qui décrivent les étapes à suivre pour résoudre les problèmes techniques. Ces procédures doivent être claires et accessibles pour tous les membres de l'équipe afin d'agir rapidement en cas des incidents.

La communication dans le cadre d'un incident doit impliquer les équipes techniques, les responsables métiers et les utilisateurs finaux et des parties prenantes pour les tenir informées de l'avancée de la résolution des incidents. La configuration des surveillances et de supervision pour détecter les incidents permet d'anticiper sur ces incidents, de fournir des informations précieuses pour analyser les causes des incidents et met en place des mesures préventives pour éviter qu'ils ne se reproduisent.

7.4   SECURITE ET CONFORMITE

Les plateformes AWS et Azure offrent une multitude de services et d'outils pour le déploiement et la gestion des applications, mais il est nécessaire de veiller à ce que la sécurité et la conformité soient au rendez-vous pour garantir la protection des données et des systèmes.

La surveillance des accès non autorisés est un enjeu majeur dans le domaine de la sécurité. Les plateformes AWS et Azure offrent des options de contrôle d'accès granulaires qui permettent de limiter l'accès aux ressources sensibles uniquement aux utilisateurs et aux comptes autorisés. Il est donc essentiel de surveiller en permanence les accès aux ressources et de détecter toute tentative d'accès non autorisée pour prévenir les éventuelles violations de sécurité.

La détection des menaces potentielles est également une étape importante dans la surveillance des applications Cloud. Les plateformes AWS et Azure proposent des outils de sécurité avancés tels que des pares-feux, des systèmes de détection d'intrusion et des outils de protection contre les logiciels malveillants pour détecter et bloquer les menaces potentielles. Une surveillance constante de ces outils est nécessaire pour garantir une protection efficace contre les cyberattaques. Nous devrons nous assurer que les applications Cloud respectent les normes de sécurité et les réglementations en vigueur. Les plateformes AWS et Azure proposent des options de conformité pour répondre aux exigences réglementaires telles que le RGPD, le HIPAA ou encore le PCI DSS. La surveillance régulière de la conformité est donc essentielle pour s'assurer que les applications Cloud respectent ces normes et réglementations.

7.5   AUTOMATISATION DES TACHES DE SURVEILLANCE

L'automatisation des tâches de surveillance dans le cloud est un processus qui permet de surveiller et de gérer les ressources et les services d'une infrastructure informatique à distance. Cela implique l'utilisation d'outils et de technologies pour collecter et analyser des données en temps réel, afin de détecter les erreurs, les anomalies ou les faibles performances.

Cette méthode revêt une grande importance dans le monde de l'informatique moderne, où les entreprises et les organisations dépendent de plus en plus des services en ligne pour leurs opérations. Elle garantit la disponibilité et la fiabilité des systèmes et des applications, en réduisant les temps d'arrêt et en minimisant les risques de défaillance.

En automatisant les tâches de surveillance, les équipes informatiques peuvent également gagner du temps et des ressources précieuses, en évitant des tâches manuelles fastidieuses et répétitives. Cela leur permet de se concentrer sur des tâches plus stratégiques et à plus forte valeur ajoutée, telles que l'optimisation des performances et la résolution de problèmes complexes. Elle contribue à améliorer l'efficacité et la productivité des entreprises, en leur offrant une meilleure visibilité et un meilleur contrôle sur leurs infrastructures informatiques à distance. C'est pourquoi elle est devenue un élément indispensable de la gestion des systèmes et des services dans le cloud.

7.6   TESTS DE FIABILITE ET DE TOLERANCE AUX PANNES

7.6.1   Tests de fiabilité

Les tests de fiabilité dans le cloud font référence à l'ensemble des procédures et des outils utilisés pour évaluer la stabilité et la performance des services de cloud computing. Ils visent à vérifier la capacité du cloud à fournir des services fiables et à maintenir une disponibilité élevée pour les utilisateurs. Ces tests sont essentiels pour garantir que les entreprises et les organisations peuvent compter sur le cloud pour stocker et gérer leurs données en toute sécurité.

L'importance des tests de fiabilité dans le cloud réside dans le fait qu'ils permettent d'identifier les éventuels problèmes de performance et de résoudre les dysfonctionnements avant qu'ils ne deviennent critiques. En outre, ces tests sont également utiles pour évaluer la capacité du cloud à gérer une charge de travail croissante sans compromettre ses performances. Cela est particulièrement important pour les entreprises qui ont besoin de pouvoir compter sur une infrastructure cloud fiable pour répondre à leurs besoins en constante évolution.

Elles peuvent être réalisées à différents niveaux, tels que l'infrastructure, les applications et les données. Ils peuvent inclure des tests de charge pour évaluer la capacité du cloud à gérer un grand nombre d'utilisateurs simultanément, des tests de disponibilité pour vérifier la disponibilité des services en cas de panne ou encore des tests de sécurité pour s'assurer que les données sont correctement protégées contre les attaques.

Au final, les tests de fiabilité dans le cloud sont un élément indispensable pour garantir que les entreprises peuvent tirer pleinement parti des avantages du cloud computing. En évaluant régulièrement la fiabilité du cloud, les entreprises peuvent s'assurer qu'elles peuvent compter sur une infrastructure solide pour stocker, gérer et accéder à leurs données en toute sécurité. Cela leur permet également de prendre des mesures préventives pour éviter les interruptions de service coûteuses et maintenir un haut niveau de satisfaction de leurs utilisateurs.

7.6.2   La tolérance aux pannes

La tolérance aux pannes dans le cloud, également appelée tolérance aux fautes, est la capacité d'un système informatique à continuer à fonctionner correctement en cas de défaillance d'un ou plusieurs de ses composants. Cela signifie qu'en cas de panne d'un serveur, d'un réseau ou d'un autre élément, le système sera en mesure de continuer à fournir ses services sans interruption ou avec une interruption minimale.

L'importance de la tolérance aux pannes dans le cloud est primordiale car elle garantit la disponibilité et la fiabilité des services informatiques. Dans un environnement de cloud où les données et les applications sont stockées sur des serveurs distants, toute panne peut entraîner une interruption de service et donc des pertes financières importantes pour les entreprises et des inconvénients pour les utilisateurs.

Pour garantir la tolérance aux pannes, les fournisseurs de services cloud mettent en place des mesures de sécurité telles que la duplication des données et des applications sur plusieurs serveurs, l'utilisation de systèmes de stockage redondants et la mise en place de mécanismes de détection et de récupération automatique en cas de défaillance. Cependant, il est important pour les utilisateurs de choisir un fournisseur de cloud réputé et fiable, qui dispose de mesures de sécurité solides pour garantir la tolérance aux pannes. Les entreprises doivent également mettre en place leurs propres stratégies de sauvegarde et de reprise après sinistre pour se prémunir contre toute panne éventuelle.

En définitive, la tolérance aux pannes dans le cloud est un élément crucial pour assurer la continuité des services informatiques. Elle permet de minimiser les interruptions de service, d'assurer la disponibilité des données et des applications, et de garantir la satisfaction des utilisateurs. Les entreprises doivent donc veiller à choisir des fournisseurs de cloud fiables et à mettre en place des mesures de sécurité adéquates pour garantir la tolérance aux pannes dans leur environnement informatique.

7.7 AMELIORATION CONTINUE ET FEEDBACK

L'amélioration continue notamment dans le domaine de la gestion des applications Cloud est un processus itératif qui vise à améliorer constamment les processus et les performances des applications en collectant et en utilisant les retours d'expérience. Dans ce contexte, le feedback joue un rôle important car il permet de recueillir les avis des utilisateurs et de détecter les points faibles des applications. Cela permet de mettre en place des plans d'amélioration ciblés pour renforcer la fiabilité et la robustesse des applications Cloud sur les plateformes AWS et Azure.

La surveillance constante des processus et de la fiabilité des applications dans le cloud permet de s'assurer que les services offerts répondent aux besoins des utilisateurs de manière efficace et sans interruption. En analysant les incidents passés et en prenant en compte les retours des utilisateurs, il est possible d'identifier les failles et d'y remédier afin d'améliorer en continu les performances et la qualité des services.

L'adoption d'une approche proactive en matière d'amélioration continue et de feedback pour les entreprises leur permet de mettre en place des processus de surveillance et d'analyse réguliers. C'est dans ce cadre que les équipes peuvent détecter rapidement les problèmes et les corriger avant qu'ils ne deviennent critiques. On note aussi que l'implication des utilisateurs dans ce processus est nécessaire pour s'assurer que les améliorations apportées répondent réellement à leurs besoins et attentes.

En combinant l'amélioration continue et le feedback, il est possible de créer un cycle d'amélioration constant pour les applications dans le cloud. Cela permet aux entreprises de rester compétitives en offrant des services de qualité à leurs utilisateurs. De plus, cela permet également de s'adapter rapidement aux évolutions du marché et aux besoins changeants des utilisateurs. En bref, elles sont des éléments clés pour garantir le succès d'une migration d'application dans le cloud et maintenir une performance optimale à long terme.

CHAPITRES VIII

BONNES PRATIQUES EN TANT QUE ARCHITECTE SOLUTION SI

Objectif

Dans ce chapitre, nous présenterons des bonnes pratiques et des recommandations essentielles pour les architectes de solutions SI qui s'engagent dans le processus de migration des applications vers le Cloud. Grâce à l'expérience et à l'expertise du domaine, les professionnels pourront réussir dans la migration vers le Cloud grâce à ces bonnes pratiques.

8   BONNES PRATIQUES EN TANT QUE ARCHITECTE SOLUTION SI

L es architectures de solutions SI sont au cœur de la transformation numérique des entreprises. Avec l'évolution constante des technologies et l'émergence du Cloud, les architectes de solutions SI se doivent d'être à la pointe de l'innovation pour garantir la performance et la sécurité des systèmes d'information. Il est nécessaire de suivre de bonnes pratiques pour mener à bien la migration vers le Cloud. Ces recommandations permettent de garantir une transition fluide et efficace vers le Cloud.

8.1   ÉVALUATION INITIALE ET PLANIFICATION STRATEGIQUE

En tant qu'architecte solution SI, l'une de nos responsabilités principales est d'aider les entreprises à migrer leurs applications vers le cloud. Cette migration peut être un projet complexe et stratégique pour la réussite de l'entreprise, c'est pourquoi une évaluation initiale et une planification stratégique rigoureuses sont essentielles.

L'évaluation initiale consiste à analyser en profondeur les applications existantes de l'entreprise, ainsi que leur infrastructure sous-jacente. Cela comprend l'identification des dépendances entre les différentes applications, leur performance actuelle, leur évolutivité et leur compatibilité avec le cloud. Cela permet de comprendre les différentes fonctionnalités et les interconnexions entre les applications. Puis, de prendre en compte les besoins métier de l'entreprise et de déterminer les applications les plus importantes pour le bon fonctionnement de l'activité. Cette étape permet de comprendre les enjeux et les défis liés à la migration et de déterminer les priorités.

Une fois l'évaluation initiale terminée, vient l'étape de la planification stratégique. Celle-ci consiste à élaborer un plan détaillé pour la migration des applications vers le cloud, en tenant compte des résultats de l'évaluation initiale. Il s'agit de déterminer quelle est la meilleure stratégie de migration en fonction des objectifs de l'entreprise, de ses contraintes et de ses ressources disponibles.

La planification stratégique comprend également une estimation des coûts et des risques associés à la migration, ainsi que la définition d'un calendrier réaliste. Il est important de prendre en compte les coûts à court et à long terme, notamment en termes de maintenance et de mise à niveau des applications après la migration.

En tant qu'architecte solution SI, nous veillons également à ce que la planification stratégique prenne en compte les meilleures pratiques de sécurité et de gouvernance pour garantir la protection des données et la conformité aux réglementations en vigueur.

Pour résumé, l'évaluation initiale et la planification stratégique sont des étapes cruciales dans la migration des applications vers le cloud. Elles permettent de prendre des décisions éclairées et de s'assurer que la migration se déroule de manière efficace, sécurisée et en accord avec les objectifs de l'entreprise. En tant qu'architecte solution SI, nous nous engageons à fournir un accompagnement et une expertise approfondis à chaque étape de ce processus pour garantir une migration réussie vers le cloud.

8.2 ARCHITECTURE CLOUD-NATIVE ET MICROSERVICES

En tant qu'architecte solution SI, nous sommes souvent confrontés à des projets de migration d'applications vers le cloud. L'un des principaux défis de ces projets est de concevoir une architecture adaptée au cloud, qui soit à la fois scalable, résiliente et flexible. C'est là que l'architecture cloud-native entre en jeu.
L'architecture cloud-native et les microservices sont deux concepts qui ont révolutionné le monde de la technologie et du développement logiciel. Ces deux approches sont étroitement liées et sont devenues essentielles dans la conception de systèmes informatiques modernes.

L'architecture cloud-native est une méthode de conception de logiciels qui vise à tirer pleinement parti des avantages offerts par le cloud computing. Elle repose également sur des services cloud natifs et des technologies de conteneurisation telles que Docker et Kubernetes.Cela signifie aussi que les applications sont conçues pour être déployées et exécutées dans un environnement cloud, tel que AWS ou Microsoft Azure. Cette approche implique l'utilisation de services cloud tels que le stockage, le traitement et la mise en réseau pour créer des applications évolutives, résilientes et hautement disponibles.

Les microservices, quant à eux, sont une méthode de développement logiciel qui consiste à diviser une application en plusieurs petits services indépendants fonctionnant ensemble. Chaque microservice est conçu pour effectuer une tâche spécifique, ce qui permet une plus grande flexibilité et une meilleure gestion des mises à jour et des correctifs. Ils communiquent entre eux via des API, ce qui permet une plus grande agilité. Les microservices sont également conçus pour être déployés et exécutés dans un environnement cloud, ce qui les rend parfaitement adaptés à l'architecture cloud-native.

L'un des principaux avantages de l'architecture cloud-native est sa capacité à s'adapter à la demande. Les applications cloud-native peuvent facilement s'adapter à une augmentation ou à une diminution du trafic, ce qui permet une utilisation plus efficace des ressources et une réduction des coûts. De plus, les applications cloud-native sont hautement disponibles, car elles peuvent être déployées sur plusieurs serveurs dans différentes régions, ce qui garantit une continuité de service en cas de panne d'un serveur.

Quant aux microservices, ils offrent une plus grande flexibilité et une meilleure gestion des mises à jour et des corrections. En effet, chaque microservice peut être mis à jour indépendamment des autres, ce qui réduit les risques de perturbations de l'ensemble de l'application. De plus, les microservices sont conçus pour être indépendants les uns des autres, ce qui permet une plus grande évolutivité et une meilleure résilience en cas de défaillance d'un service.

Aujourd'hui, il est devenu de plus en plus indispensable pour les entreprises de s'adapter à un environnement en constante évolution et de répondre rapidement aux demandes des utilisateurs. L'architecture cloud-native et les microservices permettent aux entreprises de répondre à ces défis en leur offrant une plus grande flexibilité et une meilleure capacité à innover. En adoptant ces approches, les entreprises peuvent bénéficier d'une mise sur le marché plus rapide, d'une meilleure évolutivité et d'une plus grande résilience, tout en réduisant les coûts et en minimisant les risques.

Ces deux approches sont également étroitement liées au développement d'applications basées sur le cloud. Les entreprises qui utilisent des services cloud tels que les plateformes d'hébergement, les bases de données et les services de gestion des données peuvent exploiter pleinement les avantages de l'architecture cloud-native et des microservices. Cela leur permet de se concentrer sur leur cœur de métier, tout en utilisant des services cloud pour gérer les aspects techniques tels que la mise à l'échelle et la gestion de la sécurité. En bref on peut dire qu'elles sont deux approches complémentaires qui permettent de créer des applications modernes, flexibles, évolutives et hautement disponibles. Elles offrent de nombreux avantages, tant pour les développeurs que pour les utilisateurs finaux, et sont devenues indispensables pour répondre aux besoins croissants de la technologie et du marché.

Dans le cadre d'une migration vers le cloud, l'architecture cloud-native et les microservices offrent de nombreux avantages. Tout d'abord, ils permettent de découpler les différents composants d'une application, ce qui facilite leur déploiement et leur gestion. De plus, cette approche permet une plus grande résilience, car en cas de panne d'un microservice, les autres peuvent continuer à fonctionner. Enfin, l'utilisation de technologies de conteneurisation permet de mieux utiliser les ressources du cloud, en allouant dynamiquement les ressources nécessaires à chaque microservice en fonction de la demande.

Cependant, la mise en place d'une architecture cloud-native et de microservices nécessite une bonne compréhension des besoins et des contraintes de l'application, ainsi qu'une expertise technique pour gérer efficacement les différents services et les interactions entre eux. En tant qu'architecte solution SI, mon rôle est de concevoir une architecture adaptée à ces besoins, en prenant en compte les spécificités de chaque application et en assurant une bonne intégration avec le cloud.

8.3   AUTOMATISATION DES PROCESSUS ET DES DEPLOIEMENTS

En tant qu'architecte solution SI, l'automatisation des processus et des déploiements est indispensable dans la migration des applications vers le cloud. Cette approche consiste à utiliser des outils et des techniques pour automatiser les différentes étapes du processus de déploiement d'une application, de la conception à la mise en production.

L'un des avantages majeurs de l'automatisation est de réduire considérablement le temps et les efforts nécessaires pour déployer une application. En effet, les tâches manuelles fastidieuses telles que la configuration des serveurs, l'installation des logiciels et la gestion des dépendances peuvent être automatisées grâce à des outils tels que Ansible ou Puppet. Cela permet aux équipes de développement et d'exploitation de se concentrer sur des tâches à plus forte valeur ajoutée.

De plus, l'automatisation garantit une standardisation et une cohérence dans les déploiements, ce qui réduit les risques d'erreurs humaines. Les scripts d'automatisation peuvent être réutilisés pour déployer rapidement et efficacement de nouvelles versions de l'application, ce qui facilite la gestion des mises à jour et des correctifs.

Dans le contexte d'une migration vers le cloud, l'automatisation est également essentielle pour garantir une transition en douceur. Les outils d'automatisation peuvent être utilisés pour migrer automatiquement les applications et les données vers le cloud, en s'assurant que toutes les dépendances et configurations sont correctement prises en compte.

Elle permet également de gérer efficacement les environnements de développement, de test et de production. Les infrastructures cloud étant souvent élastiques et évolutives, l'automatisation est nécessaire pour assurer une gestion efficace des ressources et des coûts.

8.4   SECURITE ET CONFORMITE EN TANT QUE PRIORITE

En tant qu'architecte solution SI, la sécurité et la conformité sont des priorités absolues lors de la migration des applications vers le cloud. En effet, cette transition vers le cloud implique de transférer des données sensibles et critiques vers des environnements externes, ce qui peut engendrer des risques potentiels en matière de sécurité. Ainsi, il est de notre responsabilité de garantir la protection et la confidentialité de ces données tout en assurant leur disponibilité et leur intégrité.

Pour cela, nous devons nous assurer que les fournisseurs de services cloud respectent les normes et réglementations en matière de sécurité, telles que le RGPD (Règlement Général sur la Protection des Données) ou encore les standards de l'ISO (Organisation Internationale de Normalisation). Nous devons également mettre en place des mesures de sécurité adaptées à chaque application migrée, en utilisant des outils tels que le chiffrement des données, les pare-feux ou encore l'authentification à deux facteurs.

Par ailleurs, la conformité est également un aspect crucial à prendre en compte lors de la migration vers le cloud. En effet, chaque entreprise a ses propres règles et politiques en matière de gestion des données et il est essentiel de s'assurer que ces dernières sont respectées lors de la migration. Cela peut inclure des contraintes légales, des exigences en matière de confidentialité ou encore des obligations de conservation des données.

En tant qu'architecte solution SI, notre rôle est donc de créer une architecture cloud sécurisée et conforme, en étroite collaboration avec les équipes de sécurité et de conformité. Nous devons également nous assurer que les utilisateurs finaux sont sensibilisés aux bonnes pratiques de sécurité et qu'ils sont formés à l'utilisation des applications dans un environnement cloud. La sécurité et la conformité doivent être intégrées dès la phase de conception de l'architecture cloud et être constamment évaluées et améliorées tout au long du processus de migration.

8.5   GESTION DES COUTS ET OPTIMISATION DES RESSOURCES

En tant qu'architecte solution SI, l'une de mes principales responsabilités est de gérer les coûts et d'optimiser les ressources lors de la migration des applications vers le cloud. Cette tâche est essentielle car elle permet de garantir une utilisation efficace et efficiente des ressources disponibles, tout en minimisant les coûts pour l'entreprise.

Tout d'abord, il est important de comprendre que la migration des applications vers le cloud peut être un processus complexe et coûteux. Cela implique souvent de déplacer des infrastructures, des données et des applications entières vers un environnement cloud, ce qui nécessite une planification minutieuse et une gestion rigoureuse des coûts.

Pour commencer, nous évaluons les besoins en termes de ressources pour chaque application, en tenant compte de facteurs tels que la taille des données, le nombre d'utilisateurs et les exigences en termes de performances. Cela me permet de déterminer quel type de service cloud (IaaS, PaaS ou SaaS) est le plus adapté pour chaque application et d'envisager des options de tarification.
Ensuite, nous travaillons en étroite collaboration avec les équipes de développement pour optimiser les applications en vue d'une utilisation efficace des ressources cloud.

Cela peut inclure la réduction de la taille des bases de données, l'utilisation de services de cache pour améliorer les performances et la mise en place de stratégies de gestion des données pour limiter les coûts de stockage.

En parallèle, nous surveillons en permanence les coûts liés à la migration et à l'utilisation des ressources cloud. Cela me permet de prendre rapidement des mesures en cas de dépassement de budget, en identifiant les applications ou les services qui consomment le plus de ressources et en cherchant des moyens de les optimiser.

Enfin, nous veillons à ce que l'entreprise dispose d'une stratégie de gestion des coûts à long terme pour le cloud. Cela peut inclure la mise en place de processus de surveillance et de gestion des coûts réguliers, la négociation de contrats avec les fournisseurs de cloud et la mise en place de mesures d'optimisation continues pour garantir une utilisation efficace des ressources.

En bref, la gestion des coûts et l'optimisation des ressources sont des éléments indispensables pour garantir une migration réussie des applications vers le cloud. En tant qu'architecte solution SI, nous nous efforçerons de trouver un équilibre entre les performances, les coûts et l'utilisation des ressources pour répondre aux besoins de l'entreprise et assurer une transition en douceur vers le cloud.

8.6 COLLABORATION INTERFONCTIONNELLE ET COMMUNICATION TRANSPARENTE

En tant qu'architecte solution SI, notre principale responsabilité est de coordonner la migration des applications vers le cloud. Pour cela, nous devons assurer une collaboration interfonctionnelle efficace entre les différentes équipes impliquées dans le processus, telles que les équipes informatiques, de développement, de sécurité et de gestion des données. La réussite d'une migration vers le cloud dépend en grande partie de la communication transparente entre ces équipes.

La collaboration interfonctionnelle implique de travailler en étroite collaboration avec ces différentes équipes pour comprendre les besoins et les exigences spécifiques de chaque application à migrer. Cela inclut également la prise en compte des contraintes et des défis techniques, ainsi que la planification des étapes clés du processus de migration. En travaillant ensemble de manière cohérente, nous pouvons identifier les meilleures solutions pour chaque application et garantir une transition fluide vers le cloud.

La communication transparente est également un élément indispensable dans ce processus. Il est essentiel de maintenir toutes les parties prenantes informées de l'avancée de la migration et de tout changement ou problème rencontré. Cela permet de gérer efficacement les attentes et de résoudre rapidement les problèmes éventuels.

De plus, une communication transparente aide à maintenir un alignement constant entre les différentes équipes et à garantir que les objectifs et les délais sont respectés.

En tant qu'architecte solution SI, nous sommes également responsables de veiller à ce que toutes les parties prenantes soient impliquées dans le processus de prise de décision. Cela signifie que toutes les équipes ont une voix et apportent leur expertise pour garantir que les décisions prises sont les meilleures pour l'ensemble du projet.

En résumé, la collaboration interfonctionnelle et la communication transparente sont des éléments essentiels pour une migration réussie des applications vers le cloud. En travaillant ensemble de manière efficace et en maintenant une communication claire et constante, nous pouvons assurer une transition sans heurts vers le cloud et garantir la satisfaction des parties prenantes et des utilisateurs finaux.

CHAPITRE IX

PREPARER UNE MIGRATION DANS LE CLOUD

Objectif

Dans ce chapitre, nous aborderons les étapes essentielles à suivre pour préparer efficacement la migration des applications vers le Cloud, en mettant en avant les bonnes pratiques et les stratégies clés à adopter.

9   PREPARER UNE MIGRATION DANS LE CLOUD

9.1   DEFINIR DES OBJECTIFS

Il est essentiel de définir clairement les objectifs à atteindre afin d'orienter efficacement la migration. Ces objectifs peuvent être multiples et variés, tels que l'amélioration des performances, la réduction des coûts, l'agilité accrue, etc. Il est donc nécessaire pour les architectes de solutions SI de prendre le temps de détailler ces objectifs de manière cohérente.

Cela leur permettra de comprendre les enjeux et les priorités de la migration, mais aussi de guider leurs choix et leurs actions tout au long du processus. Une définition précise des objectifs permettra également de mesurer le succès de la migration et de s'assurer que les résultats obtenus sont en adéquation avec les attentes.

9.2   ÉVALUATION DES BESOINS

L'évaluation des besoins est une étape fondamentale dans le processus de migration d'une entreprise vers le cloud public. Cette phase permet de créer une feuille de route adaptée aux spécificités de l'entreprise, en tenant compte de ses objectifs, contraintes, et environnement réglementaire. Cette évaluation implique une compréhension des besoins actuels et futurs de l'entreprise en termes de capacité, sécurité, réglementaire, conformité, transition et de formation. L'analyse des besoins est une étape critique qui pose les fondations d'une migration réussie vers le cloud public.

En prenant le temps d'évaluer minutieusement les besoins de l'entreprise en termes de capacité, de sécurité, de conformité, et en planifiant la transition, les entreprises peuvent s'assurer que leur migration vers le cloud répond à leurs objectifs tout en minimisant les risques et les coûts. La décision d'une entreprise de migrer ses applications vers le cloud public est souvent motivée par une combinaison de besoins opérationnels, stratégiques et financiers. Voici quelques-uns des besoins clés qui peuvent pousser une entreprise à opter pour une migration vers le cloud public :

La Flexibilité Opérationnelle - Les entreprises ayant besoin d'adapter rapidement leur infrastructure IT en réponse à l'évolution des demandes du marché peuvent trouver dans le cloud public une solution flexible et évolutive. Le cloud public offre une élasticité et une scalabilité pratiquement illimitées, permettant aux entreprises d'ajuster rapidement leurs ressources informatiques en fonction de la demande, sans surdimensionnement ni sous-dimensionnement. Les fournisseurs de cloud public offrent des infrastructures robustes avec des options de redondance et de récupération après sinistre, ce qui peut améliorer la résilience des applications et des données.

Réduction des Coûts - Pour les entreprises cherchant à minimiser les dépenses en capital liées à l'achat et à la maintenance d'infrastructures IT physiques, le cloud public offre un modèle de paiement à l'usage qui peut être plus économique. La migration vers le cloud public peut réduire les coûts d'investissement (CAPEX) en éliminant la nécessité d'acheter et de maintenir du matériel informatique. Les coûts opérationnels (OPEX) peuvent également diminuer grâce à l'efficacité et à l'échelle des fournisseurs de cloud.

Innovation Technologique - Les entreprises souhaitant accéder à des technologies de pointe (IA, machine learning, big data analytics, etc.) sans les coûts et la complexité de leur déploiement en interne peuvent bénéficier de la richesse des services proposés par les fournisseurs de cloud public.

Agilité et Rapidité de Déploiement - Pour les entreprises qui doivent déployer rapidement de nouvelles applications ou services, le cloud public offre des temps de mise en œuvre significativement réduits par rapport aux environnements IT traditionnels.

Sécurité et Conformité - Les entreprises qui n'ont pas les ressources pour investir massivement dans la sécurité et la conformité peuvent tirer parti des investissements substantiels réalisés par les fournisseurs de cloud public dans ces domaines. Bien que la sécurité puisse être une préoccupation, les grands fournisseurs de cloud public investissent massivement dans des mesures de sécurité avancées et dans la conformité aux normes réglementaires, ce qui peut aider les entreprises à répondre à leurs propres exigences de conformité et de sécurité.

Continuité d'Activité et Résilience - Les entreprises soucieuses de garantir la disponibilité et la fiabilité de leurs services face à des événements imprévus (catastrophes naturelles, pannes de système, etc.) peuvent se tourner vers le cloud public pour sa capacité à offrir des solutions de reprise après sinistre et de continuité d'activité.

Gestion et Analyse des Données - Les entreprises qui génèrent de grandes quantités de données et qui ont besoin d'outils avancés pour les stocker, les gérer et les analyser peuvent trouver dans le cloud public des capacités supérieures à celles qu'elles pourraient raisonnablement développer en interne. La migration vers le cloud public permet de tirer parti de solutions de gestion de données et d'analytiques sophistiquées, offrant des insights qui peuvent conduire à une prise de décision plus éclairée et à une amélioration des performances.

Expansion Géographique - Pour les entreprises cherchant à se développer dans de nouveaux marchés géographiques, le cloud public offre une présence mondiale immédiate sans les coûts et la complexité associés à l'établissement de leur propre infrastructure IT dans ces régions.

Chaque entreprise aura ses propres raisons spécifiques pour migrer vers le cloud public, basées sur ses besoins uniques, sa stratégie et son secteur d'activité. La clé est d'identifier les avantages les plus pertinents qui alignent la migration du cloud avec les objectifs globaux de l'entreprise. La migration vers le cloud public peut répondre à une gamme variée de besoins pour les entreprises, allant de la réduction des coûts à l'innovation technologique, en passant par l'agilité opérationnelle et la sécurité. L'identification précise de ces besoins est essentielle pour élaborer une stratégie de migration réussie et pour maximiser les avantages de l'adoption du cloud.

9.3   EVALUATION DE L'INFRASTRUCTURE EXISTANTE

L'évaluation des infrastructures physiques existantes permet de déterminer les ressources matérielles et logicielles nécessaires pour garantir une transition réussie vers le cloud. Cette étape consiste à réaliser un Inventaire matériel, une analyse de la capacité et des performances, une analyse des logiciels et des licences, une évaluation de la sécurité, une analyse des coûts, une évaluation de la scalabilité et une évaluation des risques. L'inventaire matériel consiste à dresser un inventaire détaillé du matériel physique tel que les serveurs, périphériques de stockage, équipements réseau (routeurs, firewalls, switch... etc.), etc., pour réaliser ce travaille il est conseillé de se référer aux outils de monitoring qui ont été installés dans votre infrastructure.

Ensuite, il est important de procéder à une *analyse de la performance et de la capacité* de ces infrastructures afin de déterminer leur utilisation réelle. Cette étape permet de déterminer les éventuelles surcharges ou sous-utilisations, les temps de réponse, les taux d'utilisation et autres métriques clés, ainsi que les goulots d'étranglements potentiels, pour cela il est important de recueillir des données sur les composants physiques de l'infrastructure, tels que les serveurs, les équipements réseau, les dispositifs de stockage et les périphériques. Ces informations peuvent inclure la capacité de stockage, la puissance de traitement, la bande passante et autres spécifications techniques. Pour mesurer la performance de chaque composant, on peut utiliser des outils de surveillance et de test appropriés.

On procède ensuite à *l'analyse des logiciels et des licences*. En effet, il est essentiel de connaître les logiciels utilisés au sein de l'entreprise ainsi que leurs licences afin de déterminer leur compatibilité avec le cloud. Cette étape permet de prévenir d'éventuels problèmes de conformité liés à l'utilisation de logiciels non autorisés ou à des licences expirées. Une analyse approfondie des logiciels en cours d'utilisation permettra de déterminer leur niveau de compatibilité avec le cloud, ainsi que les éventuelles modifications ou mises à jour nécessaires pour une migration réussie. De plus, cela permettra de s'assurer que l'utilisation de ces logiciels dans le cloud respecte les termes des licences et évite ainsi tout risque de non-conformité.

L'évaluation de la sécurité quant à elle, implique d'examiner attentivement les mesures de sécurité physiques actuellement en place et de les comparer aux normes de sécurité établies pour les environnements cloud. Cela permet d'identifier les éventuelles lacunes et les besoins en matière de sécurité, afin de garantir la protection des données sensibles et des ressources informatiques dans le cloud. L'évaluation de la sécurité peut inclure des tests de pénétration pour détecter les vulnérabilités, ainsi que des audits réguliers pour s'assurer que les mesures de sécurité sont toujours efficaces et en conformité avec les réglementations en vigueur. En identifiant les besoins en matière de sécurité, il est possible de mettre en place des solutions adaptées pour renforcer la sécurité dans un environnement cloud et garantir la confidentialité, l'intégrité et la disponibilité des données.

Concernant *L'évaluation de la scalabilité* consiste à déterminer la capacité du matériel existant à répondre à une augmentation de la demande et à s'adapter à la croissance future de l'entreprise. Cette évaluation permet de prévoir les besoins en termes de ressources et d'anticiper les éventuels problèmes liés à une surcharge du système. Dans un environnement en constante évolution, la scalabilité est un élément clé pour assurer une performance optimale et garantir la satisfaction des utilisateurs. L'évaluation des risques permet d'identifier les risques potentiels liés à la migration, tels que les interruptions de service ou la perte de données, les entreprises peuvent prendre les mesures nécessaires pour les atténuer ou les éviter complètement. Cela implique l'évaluation des systèmes de de sauvegarde mise en place, les systèmes de tests pour valider du bon fonctionnement après l'installation des nouvelles infrastructures. En procédant à une évaluation minutieuse des risques, les entreprises peuvent minimiser les impacts négatifs sur leurs opérations et assurer une transition en douceur vers leur nouveau système. Il est donc important de prendre le temps d'identifier tous les risques potentiels et de mettre en place des plans d'actions appropriées pour les gérer efficacement.

Et enfin *l'analyse des coûts* qui est une étape cruciale dans la prise de décision de migrer vers le cloud. Elle consiste à examiner les coûts actuels d'exploitation et de maintenance du matériel physique pour les comparer avec les coûts potentiels dans le cloud. En effet, le passage vers le cloud peut entraîner des économies significatives en termes de coûts d'infrastructure et de personnel. Les coûts d'exploitation tels que l'électricité, la climatisation et les mises à jour matérielles sont pris en charge par le fournisseur de cloud, ce qui réduit considérablement les coûts pour l'entreprise. De plus, le modèle de tarification du cloud, basé sur la consommation réelle des ressources, permet une flexibilité et une optimisation des coûts en fonction des besoins réels de l'entreprise. En somme, une analyse approfondie des coûts permet de déterminer si la migration vers le cloud est une solution rentable pour l'entreprise.

Une fois les données d'évaluation de l'infrastructure existante recueillies, elles seront analysées et comparées avec la plateforme de cloud sur des exigences telles que la performance, la capacité, la sécurité, le risque, les coûts d'exploitation et de maintenance.

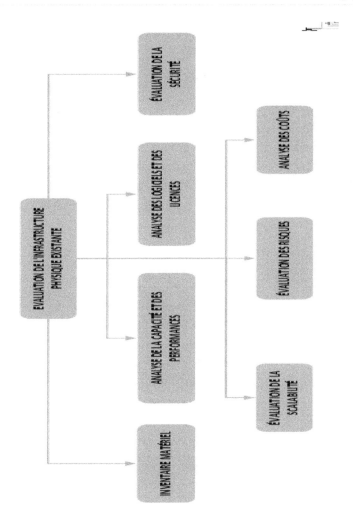

Figure 11 : Critère évaluation infrastructure

9.4   ÉVALUATION DES APPLICATIONS EXISTANTE

Dans l'ère actuelle de la technologie, les entreprises ont de plus en plus recours au Cloud pour stocker et gérer leurs données. Cela permet une meilleure flexibilité, une réduction des coûts et une amélioration de l'efficacité des processus. Cependant, avant de migrer vers le Cloud, il est essentiel d'effectuer une évaluation approfondie des applications existantes pour déterminer leur adéquation à cette transition. Chaque application est unique et peut avoir des dépendances, des contraintes et des exigences spécifiques qui doivent être prises en compte pour une migration réussie.

L'évaluation des applications consiste à recueillir des informations sur les applications existantes, à les analyser et à les évaluer pour comprendre leur architecture, leur fonctionnement et leur compatibilité avec le Cloud. Cela permet d'identifier les dépendances entre les différentes applications, ainsi que les contraintes techniques et fonctionnelles qui peuvent affecter la migration. Par exemple, certaines applications peuvent être fortement liées à d'autres applications ou à des systèmes externes, ce qui peut rendre leur migration plus complexe et nécessiter des ajustements supplémentaires.

L'évaluation des applications permet également de déterminer les exigences spécifiques de chaque application, telles que les besoins en termes de performance, de sécurité et de disponibilité. Ces exigences doivent être prises en compte lors de la planification de la migration vers le Cloud, afin de garantir que les applications continuent de fonctionner de manière optimale une fois déployées dans le Cloud.

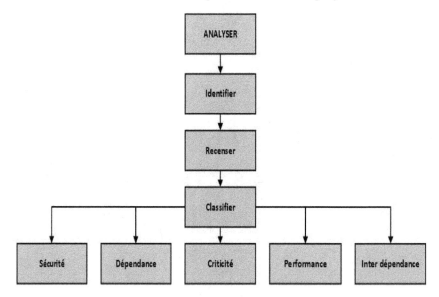

Figure 12 - Etapes d'une évaluation

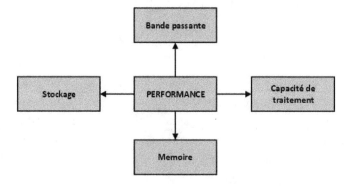

Figure 13 – Évaluation par rapport au critère de performances

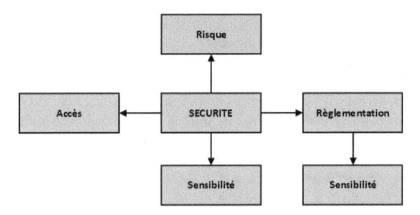

Figure 14 - Évaluation par rapport au critère sécurité

9.5 PLANIFICATION ET BUDGETISATION

La planification et la budgétisation sont des étapes essentielles dans tout processus de migration, que ce soit pour une entreprise ou pour un individu. Une planification minutieuse doit être menée afin de garantir une transition réussie vers un nouvel environnement. Cela implique de définir clairement les étapes nécessaires à la migration, en identifiant les ressources nécessaires telles que les compétences techniques, les outils et les équipements. Il est également important d'établir des délais réalistes pour chaque étape afin de s'assurer que le processus se déroule de manière fluide et efficace. Il est essentiel d'établir un budget réaliste pour anticiper les coûts associés à la migration. Cela peut inclure des frais liés à l'acquisition de nouvelles technologies, à la formation du personnel, à la mise en place d'infrastructures, ainsi qu'à d'autres coûts indirects tels que la perte de productivité pendant la transition. En établissant un budget détaillé, il est possible de mieux gérer les ressources financières et de minimiser les imprévus qui pourraient survenir pendant le processus de migration.

Il est également important de prendre en compte les risques potentiels et de prévoir des solutions de secours en cas de problèmes rencontrés pendant la migration. En identifiant ces risques et en prévoyant des mesures d'atténuation, il est possible de réduire les retards et les coûts supplémentaires qui pourraient survenir.

Une planification et une budgétisation minutieuses sont essentielles pour assurer une migration réussie. En définissant clairement les étapes, en identifiant les ressources nécessaires, en établissant des délais réalistes et en prévoyant un budget réaliste, il est possible d'anticiper les coûts et de minimiser les risques associés à ce processus complexe.

9.6 IDENTIFICATION DES RISQUES

Lorsque l'on entreprend une migration, il est essentiel d'identifier et d'évaluer les risques potentiels associés à ce processus. Sans une bonne identification des risques, il est difficile de mettre en place des mesures d'atténuation adéquates pour les prévenir ou les gérer efficacement. Parmi les risques les plus courants liés à la migration, on retrouve les pertes de données, les interruptions de service et les problèmes de compatibilité. Ces risques peuvent avoir un impact considérable sur les activités d'une entreprise ou d'une organisation, entraînant des pertes financières et une baisse de productivité, c'est pourquoi il est nécessaire de les prendre en compte dès le début du processus de migration.

En identifiant ces risques, on peut mettre en place des mesures de prévention telles que des sauvegardes régulières des données, des tests de compatibilité avant la migration ou encore une communication claire avec les utilisateurs pour minimiser les interruptions de service. En évaluant ces risques de manière approfondie, on peut également anticiper d'autres problèmes potentiels et mettre en place des plans d'action pour y faire face. En somme, l'identification des risques est une étape clé dans toute migration afin d'assurer sa réussite et de limiter les impacts négatifs sur l'activité et les données de l'entreprise.

9.7   CHOIX DES STRATEGIES DE MIGRATION

La migration des applications vers le cloud est devenue un enjeu majeur pour les entreprises souhaitant bénéficier des avantages offerts par cette technologie, tels que la flexibilité, l'évolutivité et la réduction des coûts. Cependant, il n'existe pas de stratégie de migration unique qui convient à toutes les applications. Chaque application possède ses propres caractéristiques et objectifs, rendant nécessaire l'utilisation de stratégies spécifiques pour une migration réussie. Parmi les différentes approches, on peut citer le rehosting, le refactoring, la ré-architecture, Le replateformage, le repurchase et le retire

Le rehosting, ou "lift and shift", est une stratégie de migration cloud qui consiste à déplacer les applications et les données d'un environnement on-premise (dans les locaux de l'entreprise) vers le cloud, avec peu ou aucune modification. Cette approche est particulièrement attrayante pour les entreprises souhaitant bénéficier rapidement des avantages du cloud sans investir dans une refonte ou une réarchitecturation de leurs applications existantes. Cette stratégie permet une migration plus rapide vers le cloud par rapport aux autres approches qui nécessitent des modifications significatives des applications, réduit de manière considérable les coûts de redéveloppement, et peut être une option moins coûteuse à court terme pour migrer vers le cloud. Cette méthode permet une transition en douceur vers le cloud pour les équipes IT, car elle minimise les changements dans la manière dont les applications fonctionnent. Le rehosting est une stratégie efficace pour les entreprises qui cherchent à migrer rapidement vers le cloud sans entreprendre de modifications majeures de leurs applications. Toutefois, il est important d'envisager les étapes d'optimisation post-migration pour s'assurer que l'environnement cloud est utilisé de manière optimale. Bien que cette méthode présente des avantages immédiats, une évaluation attentive et une planification stratégique sont essentielles pour maximiser les bénéfices à long terme du cloud.

Le refactoring, ou réusinage, dans le contexte de la migration vers le cloud, implique l'adaptation et la modification du code source d'une application pour tirer parti des services cloud natifs, tout en conservant la logique d'entreprise fondamentale. Cette stratégie vise à optimiser les performances de l'application, à améliorer sa scalabilité, et à réduire les coûts d'exploitation en exploitant les fonctionnalités avancées offertes par les plateformes de cloud computing. Le refactoring est une approche stratégique pour les entreprises qui souhaitent non seulement migrer leurs applications vers le cloud, mais aussi optimiser ces applications pour tirer pleinement parti des capacités du cloud. Bien que cette méthode puisse présenter des défis en termes de complexité et de coûts initiaux, les avantages à long terme en termes de performance, de scalabilité, et d'innovation peuvent largement compenser ces investissements. Une planification minutieuse, une sélection judicieuse des services cloud, et un processus de testing rigoureux sont essentiels pour garantir le succès du refactoring.

La réarchitecture (Rearchitect), dans le cadre de la migration cloud, implique une transformation majeure de l'architecture d'une application. Ce processus vise à repenser et à modifier profondément la façon dont l'application est structurée et fonctionne, afin d'exploiter pleinement les avantages du cloud, tels que l'élasticité, la scalabilité, la gestion des coûts et l'amélioration de la résilience. Cette approche peut souvent entraîner la migration d'applications monolithiques vers des architectures basées sur des microservices ou l'adoption d'autres modèles architecturaux cloud-natifs. La réarchitecture représente une transformation profonde visant à maximiser les avantages du cloud. Bien que cette approche puisse être la plus exigeante en termes de ressources et de temps, elle offre également le potentiel le plus élevé d'amélioration des performances, de réduction des coûts à long terme et d'innovation. Les organisations qui choisissent de réarchitecturer leurs applications pour le cloud doivent s'engager dans une planification minutieuse, une gestion rigoureuse des risques et une exécution disciplinée pour garantir le succès de leur migration.

Le replateformage (Replatform), dans le contexte de la migration vers le cloud, consiste à modifier ou à mettre à niveau la plateforme d'une application sans en changer le code de base de manière significative. Cette stratégie vise à bénéficier des avantages du cloud, tels que la réduction des coûts d'exploitation, l'amélioration de la performance et de la disponibilité, en effectuant des ajustements mineurs à l'application et en migrant ses composants vers des services cloud gérés. Un exemple courant de replateformage est le remplacement d'une base de données on-premise par un service de base de données géré dans le cloud. Le replateformage représente une approche intermédiaire dans la migration cloud, offrant un équilibre entre la minimisation des changements apportés à l'application et la réalisation d'avantages tangibles du cloud. Cette stratégie est particulièrement adaptée aux entreprises cherchant à améliorer l'efficacité opérationnelle et la performance de leurs applications sans s'engager dans une refonte complète. Avec une planification soignée et une exécution rigoureuse, le replateformage peut faciliter une transition en douceur vers le cloud, tout en posant les bases pour des améliorations futures.

Le repurchase, ou rachat, fait référence à la stratégie de migration cloud consistant à remplacer une application existante par une version cloud-native ou un produit logiciel en tant que service (SaaS). Cette approche est souvent envisagée pour des applications devenues obsolètes, difficiles à maintenir, ou dont la migration ou la refonte s'avérerait trop coûteuse ou complexe. Opter pour un produit SaaS peut offrir une solution moderne, évolutive et souvent plus sécurisée, tout en réduisant les coûts d'infrastructure et de maintenance. Le repurchase représente une stratégie de migration cloud axée sur la modernisation et l'efficacité opérationnelle. En choisissant de remplacer des applications obsolètes par des solutions SaaS ou cloud-native, les entreprises peuvent non seulement améliorer leurs fonctionnalités et leur performance mais aussi réduire les coûts et la complexité de gestion. Cette approche nécessite cependant une évaluation minutieuse des options disponibles et une planification détaillée pour assurer une transition en douceur et une intégration réussie avec les systèmes existants.

Le retire (Retraite), ou mise à la retraite, est une stratégie de migration vers le cloud qui implique la désactivation et la suppression des applications ou des infrastructures qui ne sont plus nécessaires. Cette approche est souvent adoptée dans le cadre d'une révision globale de l'environnement IT d'une entreprise, lorsqu'il est constaté que certaines ressources ne sont plus utilisées, sont redondantes ou pourraient être remplacées par des solutions plus efficaces et modernes dans le cloud. La mise à la retraite aide à réduire les coûts, à simplifier l'infrastructure IT et à minimiser les risques de sécurité en éliminant les composants obsolètes ou inutilisés. La mise à la retraite est une composante clé d'une stratégie de migration cloud efficace, permettant aux organisations de rationaliser leur environnement IT en éliminant les ressources inutiles. Cette approche favorise non seulement la réduction des coûts et la simplification de la gestion IT, mais améliore aussi la sécurité et l'efficacité opérationnelle. Une planification minutieuse, une gestion rigoureuse des données et une communication claire sont essentielles pour réussir cette transition et maximiser les bénéfices de la mise à la retraite d'applications et d'infrastructures.

9.8   IDENTIFICATION DES RESSOURCES ET DES COMPETENCES NECESSAIRES

Une formation adéquate des équipes impliquées dans ce processus est donc essentielle pour assurer une transition fluide et réussie vers le Cloud. La migration vers le Cloud est un processus complexe qui requiert une identification approfondie des ressources et compétences nécessaires pour sa réussite. Il est essentiel d'identifier les équipes impliquées dans ce projet, telles que l'équipe informatique, les équipes métiers et les prestataires externes. Chaque acteur doit être clairement défini et avoir des rôles et des responsabilités bien définis pour assurer une coordination efficace et éviter les conflits.

Cependant, il est nécessaire de planifier et de mettre en place une formation adéquate pour les équipes impliquées dans la migration vers le Cloud. Cela leur permettra de développer les compétences nécessaires pour gérer les nouvelles technologies et les nouveaux processus liés au Cloud. Une formation adéquate peut également minimiser les risques d'erreurs et de dysfonctionnements lors de la migration. Pour garantir une collaboration efficace entre les différentes parties prenantes, il est essentiel de mettre en place des outils de communication et de collaboration adaptés.

Cela peut inclure des réunions régulières, des plateformes de partage de documents ou encore des outils de gestion de projet. Une bonne communication et une collaboration efficace peuvent grandement contribuer à la réussite de la migration vers le Cloud en favorisant une compréhension commune des objectifs et des enjeux. Une formation adéquate des équipes impliquées dans ce processus est donc nécessaire pour assurer une transition fluide et réussie vers le Cloud.

9.9   SELECTIONNER LES APPLICATIONS A MIGRER

La migration des applications vers le cloud est un processus complexe qui nécessite une planification minutieuse pour garantir son succès. L'un des premiers défis à relever est de déterminer quelles applications doivent être migrées vers le cloud et lesquelles doivent rester sur site. Pour cela, il est essentiel de définir des critères de sélection clairs et pertinents. Ces critères peuvent inclure le niveau de criticité de l'application, sa complexité, ses besoins en termes de ressources, ainsi que sa compatibilité avec les environnements cloud. En prenant en compte ces différents éléments, les entreprises pourront sélectionner les applications les plus adaptées à la migration vers le cloud, tout en assurant une transition en douceur vers cette nouvelle infrastructure.

9.9.1 La criticité et de la complexité

Il est donc important d'évaluer leur criticité et leur complexité afin de déterminer lesquelles sont les plus adaptées à un passage vers le Cloud.
La criticité d'une application peut être définie comme son niveau d'importance pour le bon fonctionnement de l'entreprise. Il s'agit de déterminer si une application est considérée comme stratégique ou non. Les applications stratégiques sont celles qui ont un impact direct sur les activités de l'entreprise, telles que les applications de gestion des ressources humaines ou de gestion de la relation client. Il est essentiel de les identifier car elles nécessitent une attention particulière lors de la migration vers le Cloud pour garantir leur disponibilité et leur performance.

La complexité d'une application, quant à elle, reflète la difficulté à migrer vers le Cloud. Elle prend en compte différents critères tels que la compatibilité avec le Cloud, les dépendances avec d'autres applications et les éventuelles modifications à apporter pour son intégration. Une évaluation approfondie de la complexité permet de déterminer le temps et les ressources nécessaires pour la migration, ainsi que les éventuels risques liés à cette opération.

En évaluant la criticité et la complexité des applications existantes, il devient plus facile de déterminer lesquelles sont les plus adaptées à une migration vers le Cloud. Les applications stratégiques doivent être migrées en priorité pour assurer une continuité des activités de l'entreprise. Les applications moins critiques peuvent, quant à elles, être migrées ultérieurement ou même rester sur site si leur migration s'avère trop complexe ou coûteuse.

9.9.2 Analyse des dépendances et des interconnexions

L'analyse des dépendances et des interconnexions est un élément essentiel à prendre en compte dans le cadre d'une migration des applications vers le cloud. Cette étape consiste à évaluer les différentes applications présentes dans l'infrastructure de l'entreprise et à déterminer celles qui sont les plus adaptées pour être migrées vers le cloud.

Tout d'abord, il est important de comprendre les dépendances entre les différentes applications de l'entreprise. Cela signifie qu'il faut identifier les applications qui sont interconnectées et qui ont besoin les unes des autres pour fonctionner correctement. Par exemple, une application de gestion de stock peut dépendre d'une application de comptabilité pour accéder aux données financières.

Il est donc essentiel de prendre en compte ces dépendances afin de garantir que toutes les applications fonctionneront correctement après la migration vers le cloud.

Ensuite, il est indispensable d'analyser les interconnexions entre les applications et l'infrastructure existante. Il s'agit de comprendre comment les applications communiquent avec les différents serveurs, bases de données et autres composants de l'infrastructure. Cette analyse permet de déterminer si les applications peuvent être facilement migrées vers le cloud sans perturber les interconnexions existantes. Dans certains cas, il peut être nécessaire de reconfigurer l'infrastructure avant de procéder à la migration pour assurer une intégration fluide des applications dans le cloud.

Une fois que les dépendances et les interconnexions ont été identifiées et évaluées, il est possible de sélectionner les applications à migrer vers le cloud en fonction de ces critères. Les applications qui ont des dépendances et des interconnexions complexes peuvent nécessiter une planification et une mise en œuvre plus poussées pour être migrées avec succès. En revanche, les applications autonomes et moins interconnectées peuvent être plus facilement migrées vers le cloud.

En conclusion, l'analyse des dépendances et des interconnexions joue un rôle capital dans le processus de sélection des applications à migrer vers le cloud. Elle permet de garantir que les applications seront compatibles et fonctionneront correctement après la migration, tout en minimisant les perturbations pour l'entreprise. Il est donc important de mener cette analyse de manière approfondie et cohérente afin de garantir une migration réussie vers le cloud.

9.9.3 Priorisation des applications

Pour garantir le succès d'une transition, il faudra déterminer quelles applications doivent être migrées en premier et lesquelles peuvent être décalées dans le temps. C'est là qu'intervient le rôle clé des architectes de solutions SI, qui doivent établir une stratégie de priorisation en prenant en compte plusieurs critères. L'importance stratégique de chaque application doit être considérée. Certaines sont essentielles au bon fonctionnement de l'entreprise, tandis que d'autres ont un impact moins significatif. Il faudra donner la priorité aux applications qui ont un rôle critique dans l'activité de l'entreprise. Cela permettra de minimiser les risques de perturbations majeures lors de la migration. La complexité de chaque application doit également être prise en compte. Certaines applications peuvent être plus difficiles à migrer que d'autres en raison de leur architecture ou de leur interconnexion avec d'autres systèmes. Il est donc judicieux de commencer par les applications les moins complexes pour s'assurer une transition plus fluide. Un autre élément à considérer est l'impact sur le business. Certaines applications peuvent avoir un impact direct sur les revenus ou sur la satisfaction des clients. Il est donc essentiel de les prioriser afin de garantir une continuité de service et de minimiser les pertes potentielles lors de la migration. La stratégie de priorisation doit également prendre en compte le temps et les ressources disponibles pour la migration. Définir un planning réaliste doit être important, tout en tenant compte de ces contraintes, afin d'éviter une surcharge de travail ou des délais intenables.

9.10   ÉLABORATION D'UN PLAN DE MIGRATION DETAILLE

Un plan de migration peut être définie comme un plan d'action détaillé pour déplacer des données, des applications ou des systèmes d'un environnement à un autre. Il s'agit d'une étape essentielle dans tout processus de migration, car elle permet de garantir le succès et l'efficacité de la transition. Pour définir un plan de migration claire et précis, l'on doit s'assurer que toutes les parties prenantes comprennent les objectifs de la migration et les étapes à suivre pour y parvenir. Pour cela nous devrons identifier les objectifs de la migration, cela peut inclure des raisons telles que la mise à niveau vers une nouvelle technologie, la consolidation des données ou encore la réduction des coûts.

En comprenant clairement les objectifs, il sera plus facile de déterminer les étapes à suivre et les actions à entreprendre pour atteindre ces objectifs. Cela implique d'identifier les systèmes et les données à migrer, ainsi que les dépendances et les contraintes associées à chaque élément. Il est également important de définir un calendrier réaliste pour chaque étape, en tenant compte du temps nécessaire pour tester et valider les données migrées. Ce plan devrait également inclure des informations telles que les ressources nécessaires, les rôles et responsabilités de chaque membre de l'équipe, les procédures de sauvegarde et de récupération en cas de problème, ainsi que les mesures de suivi et de contrôle pour garantir le bon déroulement de la migration.

9.11   ROLE DE L'ARCHITECTURE SOLUTION SI

En tant qu'architecte de solutions SI, il est de notre devoir de guider et d'aider les entreprises à mettre en œuvre une migration sans heurts et réussie. Pour cela, nous voudrions que vous compreniez l'importance de détailler chaque étape du processus de migration.il est essentiel de définir clairement les étapes de la migration. Cela permet d'identifier précisément les composants du SI à migrer, les différentes phases de la migration et les dépendances entre ces phases et de déterminer les ressources nécessaires pour chaque étape, qu'il s'agisse de personnel qualifié, de matériel informatique ou de logiciels. Il est également important de prévoir un budget pour couvrir les coûts liés à la migration. Il faudra de prendre en compte les dépendances entre les différents composants du SI. Une migration réussie dépend souvent du bon fonctionnement de plusieurs éléments en même temps. Il est donc essentiel de planifier et de tester soigneusement ces dépendances pour éviter tout problème lors de la migration.

Quand toutes les étapes et les dépendances ont été définies, il faudra aussi mettre en place les tests et les validations nécessaires pour garantir une migration sans heurts. Cela implique de reproduire l'environnement de production dans un environnement de test et de réaliser des tests complets pour s'assurer que tout fonctionne correctement avant la mise en production de la migration. Il est aussi important de continuer à suivre et à évaluer le processus de migration tout au long de sa mise en œuvre. Cela permet de détecter rapidement tout problème éventuel et de prendre des mesures correctives si nécessaire.

9.12 COMMUNICATION ET FORMATION

La transition technologique implique des changements importants au sein d'une organisation alors il est nécessaire de communiquer efficacement avec toutes les parties prenantes internes et externes pour garantir une transition en douceur. Cela implique toutes les équipes et départements concernés dès le début du processus de migration et les tenir informés à chaque étape. Une communication claire, transparente et régulière permettra de rassurer et de mobiliser l'ensemble du personnel, en leur expliquant les avantages du Cloud et en répondant à leurs éventuelles inquiétudes.

La formation du personnel est également un élément important pour assurer une transition réussie vers le Cloud. Les employés doivent être formés sur les nouvelles technologies et les outils qui seront utilisés dans le Cloud. Cela leur permettra de s'adapter rapidement et efficacement aux nouveaux processus et de maximiser l'utilisation des fonctionnalités offertes par le Cloud. Une formation adéquate garantit également une utilisation sécurisée et responsable des données dans le Cloud, ce qui est essentiel pour protéger l'entreprise contre les cybermenaces.

La communication et la formation ne doivent pas être considérées comme des étapes ponctuelles, mais plutôt comme un processus continu tout au long de la migration vers le Cloud. Une communication continue avec les parties prenantes internes et externes permettra d'identifier les éventuels problèmes et de les résoudre rapidement, tandis que la formation continue du personnel garantira une utilisation optimale du Cloud et une adaptation aux évolutions technologiques.

9.13 VALIDATION ET SUIVI POST-MIGRATION

Après avoir effectué la migration, il est essentiel de s'assurer que toutes les applications migrées fonctionnent correctement et de manière optimale dans leur nouvel environnement. Pour ce faire, plusieurs activités de validation et de suivi doivent être mises en place. Nous devrons commencer par réaliser des tests de validation approfondis sur les applications migrées afin de vérifier leur bon fonctionnement. Ces tests doivent être réalisés à la fois au niveau fonctionnel et au niveau technique pour détecter d'éventuels bugs ou dysfonctionnements. Des tests de performance doivent également être effectués pour s'assurer que les applications répondent aux exigences de performance attendues.

En parallèle, il est nécessaire de surveiller en continu les performances des applications migrées. Cela permet de détecter rapidement tout problème éventuel et de prendre les mesures nécessaires pour y remédier. Des outils de monitoring doivent être mis en place pour surveiller les différents aspects des applications, tels que la disponibilité, la rapidité d'exécution et la consommation de ressources. Si des problèmes sont identifiés, l'on procédera à des ajustements et des optimisations pour améliorer les performances des applications. Cela peut inclure des modifications au niveau de l'infrastructure, des ajustements de code ou encore des changements de configuration. Le suivi post-migration doit donc être un processus continu pour s'assurer que les applications fonctionnent de manière optimale.

Fournir un support continu aux utilisateurs des applications migrées reste un facteur essentiel, cela peut inclure une assistance pour résoudre d'éventuels problèmes rencontrés, des formations pour s'adapter aux nouvelles fonctionnalités ou encore des mises à jour régulières pour maintenir les applications à jour. Un support de qualité est important pour garantir la satisfaction des utilisateurs et assurer une adoption réussie des nouvelles applications.

En comprenant les étapes de planification et les stratégies de migration à adopter, les architectes de solutions SI seront mieux équipés pour mener à bien le processus de migration des applications vers le Cloud de manière organisée, efficace et sécurisée, en maximisant les avantages pour leur organisation.

CHAPITRE X

PRESENTATION DES ACTEURS AWS ET AZURE

Objectif

    Dans ce chapitre, nous introduisons AWS et Azure et présenterons leurs services ainsi que leur présence à l'échelle mondiale.

10 PRESENTATION DES ACTEURS AWS ET AZURE

D ans le paysage du cloud computing, deux géants se distinguent particulièrement : Amazon Web Services (AWS) et Microsoft Azure. Ces plateformes offrent une gamme étendue de services cloud et dominent le marché en termes d'innovation, de couverture globale et de part de marché.

10.1 AWS

AWS (Amazon Web Services) est une plateforme de cloud computing qui appartient à la société américaine Amazon. Elle a été lancée en 2006, avec pour objectif de fournir des services de cloud computing à des entreprises et des particuliers, leur permettant de stocker, de gérer et de traiter leurs données en ligne. Aujourd'hui, AWS est le leader incontestable du marché du cloud computing, avec une part de marché de plus de 30%. Sa croissance fulgurante a révolutionné la façon dont les entreprises gèrent leurs données et a permis à de nombreuses startups de se développer rapidement grâce à sa flexibilité et son évolutivité. AWS continue d'innover et de proposer de nouveaux services pour répondre aux besoins changeants des entreprises dans un monde de plus en plus numérique.

La création de AWS marque le début d'une ère révolutionnaire dans le domaine du cloud computing. Au départ, AWS offrait un ensemble relativement restreint de services, notamment le stockage simple (Amazon S3) et la capacité de calcul élastique (Amazon EC2). Ces services permettent aux développeurs d'accéder à des ressources informatiques à la demande, sans les coûts et la complexité associés à la gestion de leur propre infrastructure physique.

Depuis, AWS a connu une croissance exponentielle, élargissant constamment sa gamme de services pour inclure des bases de données, des outils d'analyse, des services d'apprentissage automatique, des outils de développement, et bien plus encore. Aujourd'hui, AWS propose plus de 200 services complets depuis des centres de données répartis dans le monde entier.

AWS est considéré comme le pionnier du cloud computing, ayant introduit le concept de pouvoir accéder à des ressources informatiques sur demande via Internet. Cette innovation a radicalement changé la façon dont les entreprises pensent et gèrent leurs infrastructures IT, permettant une élasticité, une scalabilité et une flexibilité sans précédent.

En offrant une alternative au modèle traditionnel d'achat et de maintenance d'infrastructures physiques coûteuses, AWS a permis aux startups comme aux grandes entreprises de lancer et d'expérimenter de nouveaux produits à une vitesse et à un coût jusqu'alors inimaginables.

AWS domine le marché du cloud computing, ayant maintenu sa position de leader malgré la concurrence croissante de géants technologiques tels que Microsoft Azure et Google Cloud Platform. Sa part de marché, bien que fluctuante, témoigne de sa présence dominante et de la confiance que lui accordent les entreprises du monde entier.

L'une des clés du succès d'AWS réside dans sa capacité à innover constamment, à lancer de nouveaux services et à améliorer les existants. Cette approche permet à AWS de répondre aux besoins changeants des entreprises et de rester à l'avant-garde des technologies émergentes.

Amazon Web Services (AWS) offre une gamme extrêmement diversifiée et complète de services cloud, permettant aux entreprises de toutes tailles de construire, déployer et gérer des applications à grande échelle. Voici un aperçu des services clés et de leur utilisation :

Amazon Elastic Compute Cloud (EC2) fournit une capacité de calcul scalable dans le cloud. Les utilisateurs peuvent lancer des instances (serveurs virtuels) avec une variété de configurations pour répondre à leurs besoins spécifiques.

Amazon Simple Storage Service (S3) est un service de stockage d'objets offrant une échelle, une disponibilité, une sécurité et des performances de pointe. Il est conçu pour stocker et récupérer n'importe quelle quantité de données, à tout moment, de n'importe où sur le web.

AWS Lambda est un service de computing sans serveur qui permet d'exécuter du code sans provisionner ni gérer des serveurs. Vous payez uniquement pour le temps de calcul consommé.

Amazon Relational Database Service (RDS) facilite la configuration, l'exploitation et la mise à l'échelle de bases de données relationnelles dans le cloud. Il fournit des capacités de réplication, de sauvegarde et de restauration.

Amazon DynamoDB est une base de données NoSQL rapide et flexible pour les applications nécessitant des performances à latence faible à n'importe quelle échelle.

AWS Machine Learning Services offre un large éventail de services et d'outils de machine learning, y compris SageMaker pour la construction, la formation et le déploiement de modèles de machine learning..

Amazon Virtual Private Cloud (VPC) permet de provisionner une section isolée du cloud AWS où vous pouvez lancer des ressources AWS dans un réseau virtuel que vous définissez.

AWS IoT Core permet de connecter facilement des dispositifs IoT au cloud AWS pour un traitement sécurisé, une analyse, et plus encore.

Les points forts d'Amazon Web Services (AWS) sont nombreux, contribuant à sa position de leader sur le marché du cloud computing. Voici les principaux atouts qui distinguent AWS :

La Haute Disponibilité - AWS assure une haute disponibilité de ses services grâce à une infrastructure robuste et redondante. Les services AWS sont conçus pour offrir une résilience face aux pannes, réduisant ainsi les risques d'interruption.

La Sécurité de Premier Plan - AWS met un point d'honneur sur la sécurité, offrant des fonctionnalités avancées de protection des données, de conformité et de gouvernance, ce qui rassure les entreprises de toutes tailles sur la sécurisation de leurs données.

Flexibilité et Élasticité - AWS permet aux utilisateurs de scaler leurs applications en haut ou en bas facilement, en fonction de la demande, sans avoir à investir dans une infrastructure physique. Cette élasticité assure que les applications peuvent gérer des variations de charge sans surcoût ni perte de performance.

Paiement à l'Usage - Le modèle de tarification d'AWS, basé sur le paiement à l'usage, permet aux entreprises de payer uniquement pour les ressources qu'elles consomment, optimisant ainsi les coûts et évitant les dépenses inutiles.

Couverture Géographique Étendue - AWS possède le plus grand nombre de régions et de zones de disponibilité parmi tous les fournisseurs de cloud, garantissant une faible latence et une meilleure expérience pour les utilisateurs finaux à travers le monde.

Conformité Globale - La présence mondiale d'AWS facilite la conformité aux réglementations locales et internationales, permettant aux entreprises de se développer à l'international tout en respectant les exigences légales spécifiques à chaque région.

La combinaison de ces points forts fait d'AWS une plateforme de choix pour les entreprises recherchant une solution cloud complète, fiable et scalable. Avec son engagement continu envers l'innovation, la sécurité et la satisfaction client, AWS continue de se positionner comme un acteur incontournable dans le paysage du cloud computing.

L'importance d'AWS dépasse largement son rôle de fournisseur de services cloud. En démocratisant l'accès à des ressources informatiques puissantes, AWS a joué un rôle crucial dans la facilitation de l'innovation et dans la naissance de nombreuses startups qui ont bouleversé leurs industries respectives. De plus, en réduisant les barrières à l'entrée pour le développement et le déploiement d'applications, AWS a contribué de manière significative à l'économie numérique, permettant une création de valeur rapide et à grande échelle.

AWS a non seulement été le pionnier du cloud computing, mais il continue de façonner l'avenir de la technologie et de l'innovation. Sa capacité à offrir un large éventail de services, sa présence mondiale et son engagement envers l'innovation en font une pierre angulaire de l'infrastructure IT mondiale. Pour les entreprises de toutes tailles, AWS représente une plateforme essentielle pour le développement, le déploiement et la gestion d'applications à l'ère numérique.

10.2 AZURE

Microsoft Azure, officiellement lancé en février 2010 sous le nom de Windows Azure avant d'être renommé Microsoft Azure en 2014, représente l'entrée ambitieuse de Microsoft dans le domaine en expansion rapide du cloud computing. Azure a été conçu pour répondre à un large éventail de besoins informatiques, allant du simple hébergement de sites web à des scénarios plus complexes impliquant le big data, l'apprentissage automatique et l'Internet des Objets (IoT).
Initialement lancé pour concurrencer des plateformes établies telles qu'Amazon Web Services (AWS), Azure a commencé en proposant des services de calcul, de stockage et de réseau dans le cloud. Au fil des années, Microsoft a considérablement élargi l'offre de services Azure pour inclure des bases de données, des outils de développement, des services d'intelligence artificielle, de sécurité, d'identité, et bien plus encore. Le changement de nom de Windows Azure à Microsoft Azure reflétait l'intention de Microsoft de souligner que la plateforme était bien plus qu'une solution cloud pour les applications Windows, supportant une variété de systèmes d'exploitation, de langages de programmation, de frameworks, de bases de données, et d'outils.

L'un des principaux atouts d'Azure est sa capacité à s'intégrer de manière transparente avec d'autres produits et services Microsoft, tels que Windows Server, Active Directory, et SQL Server. Cette intégration profonde rend Azure particulièrement attrayant pour les entreprises qui dépendent déjà de l'écosystème Microsoft pour leurs opérations IT.

Azure a rapidement gagné en popularité parmi les entreprises de toutes tailles, grâce à sa sécurité robuste, sa conformité aux standards internationaux, et sa flexibilité. Les entreprises apprécient également la possibilité de mélanger des environnements cloud et sur site (hybride), tirant parti au mieux de leurs investissements existants tout en bénéficiant de l'évolutivité et de l'innovation du cloud.

La présence d'Azure sur le marché a stimulé la concurrence, poussant les fournisseurs de cloud, y compris AWS et Google Cloud Platform, à innover et à réduire les prix. Les clients bénéficient ainsi d'une plus grande variété de services, d'une meilleure qualité et d'options de prix plus compétitives.
Azure joue un rôle crucial dans la transformation numérique des entreprises, leur permettant de déployer et de gérer des applications à une échelle globale, d'exploiter

des insights basés sur le big data et l'intelligence artificielle, et d'améliorer l'efficacité opérationnelle.

Microsoft Azure offre un éventail impressionnant de services cloud, destinés à répondre aux besoins d'une variété d'applications et de charges de travail. La plateforme est conçue pour soutenir les entreprises dans leur transition vers le cloud, qu'il s'agisse de déployer de nouvelles applications, de migrer des systèmes existants, ou d'exploiter les capacités de l'intelligence artificielle et de l'analytique. Voici un aperçu de certains services clés d'Azure et de leur utilisation :

Les VMs d'Azure permettent aux utilisateurs de déployer des serveurs virtuels dans le cloud. Cela offre une flexibilité pour exécuter pratiquement n'importe quel système d'exploitation, y compris Windows et Linux, et supporter diverses configurations pour répondre aux besoins de performance, de sécurité et de budget.

Azure SQL Database est un service de base de données relationnelle géré, basé sur la technologie Microsoft SQL Server. Il offre une évolutivité automatique, une haute disponibilité, et une sécurité intégrée.

Azure AD est le service de gestion des identités et des accès de Microsoft, permettant aux entreprises de gérer les identifiants utilisateur et les accès aux applications de manière sécurisée.

Azure Kubernetes Service (AKS) Pour orchestrer des conteneurs Docker, permettant le déploiement, la gestion et le scaling d'applications conteneurisées facilement.

Azure Functions est un service de calcul sans serveur qui permet d'exécuter des morceaux de code (fonctions) en réponse à des événements, sans nécessiter de gestion d'infrastructure.

Azure Cosmos DB est une base de données NoSQL globalement distribuée pour des applications à grande échelle, offrant une large prise en charge des modèles de données et une latence minimale.

Azure AI Services est un ensemble de services d'intelligence artificielle, y compris Azure Machine Learning, Azure Cognitive Services, et Azure Bot Service, pour intégrer des capacités d'IA dans les applications.

Microsoft Azure se positionne comme un leader incontesté dans le paysage du cloud computing, en partie grâce à ses points forts distinctifs qui répondent aux besoins variés des entreprises modernes.

Azure excelle dans la fourniture de solutions hybrides, permettant aux entreprises de conserver certaines ressources sur site tout en étendant d'autres dans le cloud. Cela est particulièrement utile pour les organisations qui, pour des raisons de conformité, de performance ou de coût, ne peuvent pas migrer intégralement leurs opérations informatiques vers le cloud.

La combinaison de l'intégration poussée avec l'écosystème Microsoft et des capacités hybrides sophistiquées place Azure dans une position unique pour servir une large gamme d'exigences d'entreprise. Que les organisations cherchent à migrer entièrement dans le cloud, à maintenir certaines opérations sur site, ou à explorer des configurations hybrides complexes, Azure offre les outils et les services nécessaires pour faciliter cette transition et optimiser leurs investissements informatiques.

L'étendue et la profondeur des services offerts par Azure permettent aux développeurs et aux entreprises de construire, déployer et gérer des applications complexes et à grande échelle dans le cloud. En fournissant des solutions de calcul, de stockage, de bases de données, de mise en réseau, d'analytique, et d'IA, Azure couvre pratiquement tous les aspects nécessaires pour soutenir la transformation numérique des entreprises

Depuis son lancement, Microsoft Azure a évolué pour devenir l'une des plates-formes de cloud computing les plus complètes et les plus utilisées dans le monde. Sa croissance rapide et son adoption par une large gamme d'entreprises témoignent de sa capacité à répondre aux besoins informatiques en constante évolution. En fournissant une plateforme qui favorise l'innovation tout en restant profondément intégrée à l'écosystème des produits Microsoft, Azure continue de jouer un rôle déterminant dans l'avenir du cloud computing.

CHAPITRE XI

SECURITE ET CONFORMITE DANS AWS ET AZURE

Objectif

Dans ce chapitre important, nous explorerons les aspects essentiels de la sécurité dans le cloud, un domaine d'une importance capitale lors de la migration des applications vers des environnements cloud.

11 SECURITE ET CONFORMITE DANS AWS ET AZURE

L es données stockées dans le cloud peuvent être sensibles et leur sécurité doit être une priorité absolue. Il est essentiel de suivre les meilleures pratiques de sécurité lors de la migration vers le cloud, en mettant en place une gestion des identités solide, en attribuant des rôles et des autorisations spécifiques à chaque utilisateur pour limiter l'accès aux données sensibles. Le chiffrement des données est une mesure de sécurité essentielle pour empêcher toute tentative de vol ou de compromission des données. Il est également important de s'assurer que le fournisseur de services cloud est conforme aux réglementations en matière de sécurité des données, telles que le RGPD en Europe ou le HIPAA aux États-Unis.

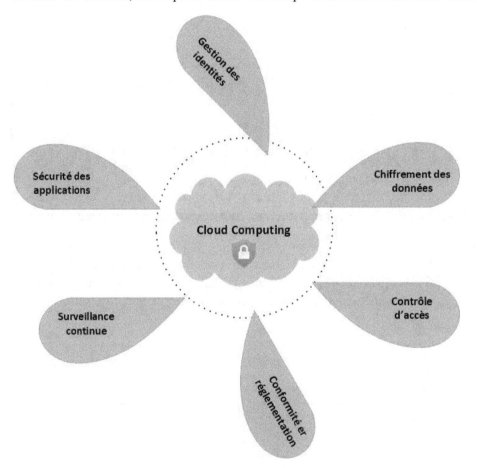

Figure 9 - Sécurité dans le cloud

11.1 GESTION DES IDENTITES

Avec la multiplication des services et des données stockées dans le cloud, il devient de plus en plus complexe de contrôler l'accès aux ressources et de garantir l'authentification et l'autorisation appropriées. C'est pourquoi il est essentiel de mettre en place une gestion des identités solide pour assurer une sécurité optimale.

La gestion des identités consiste à gérer et à contrôler l'accès aux différents services et données disponibles sur le cloud. Cela inclut l'identification des utilisateurs, leur authentification et leur autorisation à accéder à certaines ressources. Une gestion des identités efficace permet de limiter les risques d'attaques et de fuites de données en garantissant que seuls les utilisateurs autorisés puissent accéder aux ressources sensibles. Une bonne gestion des identités permet également de simplifier l'administration des comptes utilisateurs dans un environnement cloud. En centralisant la gestion des identités, il est possible de faciliter la création et la suppression des comptes, ainsi que la gestion des droits d'accès pour chaque utilisateur. Cela permet non seulement de gagner du temps et de réduire les coûts, mais aussi de minimiser les erreurs humaines pouvant entraîner des failles de sécurité. La mise en place d'une gestion des identités solide est également un moyen de se conformer aux réglementations en matière de protection des données, telles que le Règlement Général sur la Protection des Données (RGPD). En ayant un contrôle précis sur l'accès aux données, il est possible de garantir leur confidentialité et leur intégrité, ainsi que de prouver la mise en place de mesures de sécurité adéquates en cas d'audit.

> ➤ **AWS**

La gestion des identités sur AWS est un aspect de la sécurité et de la confidentialité des données sur le cloud. Il s'agit de la gestion des identités et des accès des utilisateurs, des applications et des services sur la plateforme AWS. Pour cela, AWS propose une gamme d'outils tels que IAM (Identity and Access Management), AWS SSO (Single Sign-On), AWS Organizations et AWS Cognito.

Nous avions, IAM qui permet de gérer les identités et les accès des utilisateurs sur AWS. Il permet de créer des utilisateurs, des groupes et des rôles avec des politiques d'accès granulaires pour contrôler les actions qu'ils peuvent effectuer sur les ressources AWS. Cela permet de limiter l'accès aux ressources sensibles et de renforcer la sécurité de l'environnement de cloud.

AWS SSO permet de centraliser la gestion des identités et des accès pour plusieurs comptes AWS. Il offre une connexion unique (SSO) pour les utilisateurs et leur permet d'accéder à plusieurs comptes AWS en utilisant un seul ensemble d'identifiants. Cela facilite la gestion des utilisateurs et améliore la productivité en évitant la nécessité de se connecter plusieurs fois.

AWS Organizations est un service qui permet de gérer plusieurs comptes AWS en tant qu'unité organisationnelle unique. Il permet aux entreprises de créer une hiérarchie de comptes, de définir des règles de sécurité et de partager des ressources entre les comptes. Cela facilite la gestion des identités et des accès sur plusieurs comptes AWS tout en maintenant une sécurité renforcée.

AWS Cognito est un service qui gère l'authentification et l'autorisation des utilisateurs pour les applications web et mobiles. Il permet de gérer les utilisateurs et les groupes, de stocker les informations d'identification et de gérer les sessions d'authentification. Cela offre une solution simple et sécurisée pour gérer les identités des utilisateurs sur les applications hébergées sur AWS.

Les outils tels que IAM, AWS SSO, AWS Organizations et AWS Cognito offrent des solutions efficaces pour gérer les identités et les accès des utilisateurs, des applications et des services sur la plateforme AWS de manière cohérente et sécurisée.

> **Azure**

La gestion des identités sur Azure permet de gérer les accès aux différentes applications et services sur le cloud de manière centralisée. Pour cela, Azure propose plusieurs outils tels que Azure Active Directory, Azure Active Directory B2C et Azure Active Directory Domain Services.

Azure Active Directory (AD) est le service d'annuaire principal sur Azure. Il permet de gérer les identités et les accès des utilisateurs aux ressources cloud et locales. Il peut être synchronisé avec l'annuaire Active Directory existant d'une entreprise pour faciliter la gestion des utilisateurs et des groupes. Avec Azure AD, il est possible de définir des règles d'accès et de contrôler l'authentification à l'aide de méthodes telles que le mot de passe, l'authentification à deux facteurs ou l'authentification unique (SSO).

Azure Active Directory B2C est un service qui permet de gérer les identités des clients externes d'une entreprise. Il offre une solution d'authentification et de gestion des accès pour les applications mobiles, web et les API. Il permet également de personnaliser l'expérience d'inscription et de connexion des utilisateurs en fonction de leurs préférences.

Azure Active Directory Domain Services fournit un annuaire AD managé sur le cloud. Il permet aux entreprises de déployer des applications qui requièrent un domaine AD sans avoir à gérer des contrôleurs de domaine. Il est également possible de synchroniser cet annuaire avec l'annuaire AD local pour une intégration transparente.

11.2 CHIFFREMENT DES DONNEES

Le chiffrement des données est une pratique essentielle dans le monde numérique actuel, où les informations sensibles sont constamment échangées et stockées en ligne. Dans le contexte du cloud computing, où les données sont stockées sur des serveurs distants, il est d'autant plus important de mettre en place des stratégies de chiffrement efficaces pour protéger la confidentialité des données. Ces stratégies comprennent le chiffrement des données au repos et en transit.

Le chiffrement des données au repos consiste à chiffrer les données lorsqu'elles sont stockées sur un serveur distant. Cela signifie que même si un tiers accède aux données, il ne pourra pas les lire sans la clé de chiffrement appropriée. Les fournisseurs de services cloud utilisent souvent des algorithmes de chiffrement avancés pour protéger les données au repos, tels que l'AES (Advanced Encryption Standard) ou le RSA (Rivest-Shamir-Adleman).

Pour le chiffrement des données en transit, il s'agit de protéger les données lorsqu'elles sont en cours de transfert entre un appareil et un serveur distant. Pour cela, les fournisseurs de services cloud utilisent généralement des protocoles de sécurité tels que SSL (Secure Sockets Layer) ou TLS (Transport Layer Security) pour chiffrer les données pendant leur transfert. Cela garantit que les données ne peuvent pas être interceptées ou lues par des tiers malveillants.

En plus de ces stratégies de chiffrement, il est également essentiel de mettre en place des mesures de sécurité telles que l'authentification forte et la gestion des accès pour empêcher les personnes non autorisées d'accéder aux données chiffrées. Les fournisseurs de services cloud doivent régulièrement auditer et mettre à jour leurs systèmes de chiffrement pour garantir la sécurité des données de leurs clients.

➢ AWS

Le chiffrement des données sur AWS consiste à convertir les données en un code illisible pour les tiers non autorisés, afin de protéger leur confidentialité et leur intégrité. Pour cela, AWS propose différents outils qui offrent une protection renforcée contre les cyberattaques et les violations de données. AWS KMS (Key Management Service) permet de générer, stocker et gérer les clés de chiffrement utilisées pour protéger les données. AWS CloudHSM (Hardware Security Module) offre un environnement matériel sécurisé pour stocker les clés de chiffrement et les utiliser sans qu'elles ne quittent le cloud. AWS Key Management offre un contrôle granulaire sur les clés de chiffrement et permet de les faire tourner régulièrement pour renforcer la sécurité. AWS Certificate Manager permet de gérer les certificats SSL/TLS pour chiffrer les communications entre les utilisateurs et les ressources

AWS. Grâce à ces outils, le chiffrement des données sur AWS est un processus fiable et efficace pour protéger vos informations sensibles.

> **Azure**

Le chiffrement des données sur Azure est une méthode de codage qui transforme les données en un format illisible pour les personnes non autorisées, afin de protéger les informations sensibles telles que les mots de passe, les informations financières, les données personnelles, etc.

Pour chiffrer vos données sur Azure, il existe plusieurs outils disponibles. Tout d'abord, il y a Azure Key Vault, qui est un service de gestion de clés qui vous permet de stocker et de gérer les clés de chiffrement pour vos données. Vous pouvez également utiliser Azure Storage Service Encryption, qui chiffre automatiquement vos données au repos dans les services de stockage Azure tels que Blob Storage, File Storage et Table Storage.

Ensuite, il y a Azure Disk Encryption, qui vous permet de chiffrer les disques virtuels de vos machines virtuelles sur Azure. Vous pouvez également utiliser Azure SQL Database Transparent Data Encryption pour chiffrer vos bases de données SQL dans le cloud. Pour une protection encore renforcée, vous pouvez utiliser Azure Information Protection pour chiffrer vos données sensibles à l'aide d'une double couche de chiffrement.

11.3 CONTROLE D'ACCES

Le contrôle d'accès est un ensemble de mécanismes qui permettent de limiter l'accès aux ressources du cloud uniquement aux utilisateurs autorisés. Parmi ces mécanismes, on retrouve les listes de contrôle d'accès (ACL) et les stratégies d'accès basées sur les rôles (RBAC).

Les listes de contrôle d'accès (ACL) sont des règles de sécurité qui permettent de définir les droits d'accès à une ressource en fonction de l'adresse IP ou de l'identifiant de l'utilisateur. Elles sont utilisées pour contrôler l'accès aux ressources du cloud en spécifiant les adresses IP ou les utilisateurs autorisés à y accéder. Ainsi, seuls les utilisateurs dont l'adresse IP ou l'identifiant correspond à ceux spécifiés dans l'ACL pourront accéder à la ressource.

Quant aux stratégies d'accès basées sur les rôles (RBAC), elles permettent de définir des rôles pour chaque utilisateur et de définir les autorisations associées à chaque rôle. Les utilisateurs se voient attribuer un ou plusieurs rôles en fonction de leurs besoins et ne peuvent accéder qu'aux ressources pour lesquelles ils ont les autorisations nécessaires. Cela permet de limiter l'accès aux données sensibles et de s'assurer que seules les personnes ayant les droits requis peuvent y accéder.

➤ **AWS**

Le contrôle d'accès sur AWS (Amazon Web Services) est un ensemble de règles, de politiques et d'outils qui permettent de gérer et de restreindre l'accès aux ressources et aux données sur AWS. Les principaux outils utilisés pour le contrôle d'accès sur AWS sont IAM (Identity and Access Management), qui permet de gérer les identités et les permissions des utilisateurs, et AWS KMS (Key Management Service), qui permet de gérer les clés de chiffrement pour protéger les données sensibles. AWS offre également des options telles que les groupes de sécurité, qui permettent de définir des règles de pare-feu pour contrôler l'accès aux instances EC2 (Elastic Compute Cloud), ainsi que des stratégies de contrôle d'accès pour les services tels que S3 (Simple Storage Service).

➤ **Azure**

Le contrôle d'accès sur Azure permet de définir et de gérer les autorisations d'accès aux différents services et ressources Azure pour les utilisateurs et les applications. Pour ce faire, plusieurs outils sont mis à disposition par Microsoft. Il y a Azure Active Directory (AD), qui sert de base pour l'authentification et l'autorisation des utilisateurs. Grâce à AD, il est possible de créer des groupes d'utilisateurs et de leur attribuer des rôles spécifiques pour accéder aux ressources Azure. Ensuite, il y a les rôles Azure, qui permettent de définir des autorisations précises pour chaque utilisateur ou groupe. Par exemple, un rôle de contributeur permettra à un utilisateur de créer et de gérer des ressources, tandis qu'un rôle de lecteur ne lui permettra que de consulter ces ressources. Il y a les stratégies de sécurité Azure, qui définissent des règles de sécurité pour les ressources et les services dans Azure. Elles peuvent être utilisées pour limiter l'accès à certaines ressources en fonction de critères spécifiques, tels que l'emplacement géographique ou l'adresse IP.

11.4 CONFORMITE ET REGLEMENTATIONS

La migration vers le cloud est devenue une tendance incontournable pour les entreprises souhaitant moderniser leur infrastructure informatique et améliorer leur agilité. Cependant, cette migration ne doit pas être prise à la légère car elle implique des exigences de conformité et des réglementations spécifiques à respecter. Les organisations doivent être en conformité avec des normes telles que le RGPD (Règlement Général sur la Protection des Données) ou encore la norme ISO 27001, qui garantissent la sécurité et la confidentialité des données. Cela inclut également la mise en place de mesures de sécurité adaptées pour protéger les données sensibles stockées dans le cloud. Chaque secteur d'activité peut avoir des réglementations spécifiques à respecter, telles que la norme HDS pour le domaine de la santé ou la norme PCI DSS pour les entreprises traitant des données bancaires. La non-conformité à ces exigences peut entraîner des sanctions financières importantes et une perte de confiance de la part des clients. Il est donc essentiel de bien se renseigner sur les réglementations applicables à son secteur d'activité avant d'entreprendre une migration vers le cloud. La conformité et les réglementations sont des aspects à prendre en compte lors de la migration vers le cloud, afin d'assurer la sécurité et la confidentialité des données et de se conformer aux normes en vigueur.

➤ **AWS**

AWS est conforme à de nombreuses réglementations et certifications internationales telles que le Règlement Général sur la Protection des Données (RGPD) de l'Union Européenne, la norme ISO 27001 ou encore la norme PCI DSS pour les données de paiement. Cela signifie que les entreprises qui utilisent AWS pour stocker leurs données peuvent être assurées que leurs données sont hébergées dans un environnement sécurisé et conforme aux normes les plus strictes.

En plus de ces certifications, AWS offre également une série d'outils et de fonctionnalités pour aider les entreprises à se conformer aux réglementations spécifiques à leur industrie ou à leur pays. Par exemple, AWS Identity and Access Management (IAM) permet de contrôler l'accès aux ressources AWS, ce qui est particulièrement utile pour se conformer aux réglementations sur la confidentialité des données telles que le RGPD.

AWS offre des outils de surveillance et d'audit tels que AWS CloudTrail et AWS Config pour suivre les activités et les modifications apportées aux ressources AWS, ce qui est essentiel pour se conformer aux réglementations en matière de sécurité des données et de gouvernance.

AWS propose également des programmes de conformité pour les industries spécifiques, tels que le programme HIPAA pour les entreprises du secteur de la santé ou le programme FERPA pour les établissements d'enseignement. Ces programmes offrent des conseils et des ressources pour aider les entreprises à se conformer aux réglementations applicables à leur secteur d'activité.

➤ **Azure**

Microsoft s'engage à respecter les normes et les réglementations en matière de sécurité, de confidentialité et de conformité pour garantir la sécurité et la protection des données de ses clients. Pour cela, Azure propose une large gamme d'outils et de services répondant aux différentes exigences réglementaires et de conformité.

Tout d'abord, Azure est conforme aux normes internationales telles que ISO 27001, ISO 27017 et ISO 27018, qui garantissent une gestion efficace de la sécurité de l'information, la protection des données personnelles et la transparence dans le traitement des données. De plus, Azure est également conforme aux réglementations spécifiques à certains secteurs tels que le secteur de la santé avec la conformité HIPAA, le secteur financier avec la conformité PCI DSS, et le secteur public avec la norme FedRAMP.

Pour assurer la conformité et la réglementation des données stockées et traitées sur Azure, Microsoft met à disposition des outils tels que Azure Security Center, qui permet de surveiller et de détecter les menaces de sécurité, ainsi que d'appliquer des contrôles de conformité pour les machines virtuelles et les applications. Azure Information Protection est un autre outil qui permet de classer et de protéger les données sensibles en appliquant des étiquettes de confidentialité et en contrôlant leur accès.

En ce qui concerne la conformité des applications, Azure propose Azure Active Directory qui permet de gérer les accès et les identités de manière sécurisée et conforme aux normes de sécurité. De plus, Azure offre également des services tels que Azure Key Vault pour la gestion des clés de cryptage et Azure Data Lake pour le stockage et la gestion sécurisés des données sensibles.

11.5 SECURITE DES APPLICATIONS

La sécurité des applications est un enjeu majeur dans le contexte actuel du cloud computing. Avec la prolifération des données sensibles stockées dans le cloud, il est nécessaire de mettre en place des mesures de sécurité efficaces pour protéger les applications contre les attaques malveillantes. Parmi les différentes menaces auxquelles les applications peuvent être exposées, les injections SQL et les attaques de déni de service (DDoS) sont particulièrement préoccupantes. D'abord, il faudra créer une politique de sécurité qui explique les règles et les procédures pour assurer la sécurité des applications. Cela inclut notamment la mise en place de mesures de contrôle d'accès, comme l'authentification forte et la gestion des droits d'accès. Il est conseillé de faire des vérifications régulières pour trouver les problèmes et les corriger rapidement.

Pour prévenir les injections SQL, il faut utiliser des techniques de validation et de filtrage des entrées utilisateur. Cela permet de vérifier les données saisies avant de les transmettre à la base de données. Le fait de faire des demandes paramétrées plutôt que de requêtes dynamiques peut réduire les risques d'injection SQL.

Pour éviter les attaques de déni de service, il faudra avoir une structure solide et surveiller le trafic réseau en permanence. Il y a des pare-feux et des systèmes pour détecter et bloquer les attaques en temps réel. Les tests réguliers peuvent aider à trouver les personnes qui ont besoin de pénétration et à protéger les applications. Il faut suivre les meilleures pratiques en matière de sécurité, comme la mise à jour régulière des logiciels, l'utilisation de mots de passe forts et la mise en place de politiques de sécurité strictes. Il est conseillé de faire des chiffrements pour protéger les informations importantes pendant qu'elles sont stockées et transmises. Les applications dans le cloud sont toujours sécurisées, ce qui nécessite une attention constante et des efforts continus. En suivant les meilleures pratiques et en utilisant des outils de sécurité adaptés, on peut réduire les risques d'attaques et protéger efficacement les applications et les données stockées dans le cloud.

Les architectes de solutions SI pourront mettre en place des stratégies et des mesures de sécurité efficaces pour protéger les applications et les données sensibles dans des environnements cloud, que ce soit sur AWS ou Azure.

> **AWS**

L'utilisation des applications peut potentiellement exposer des données sensibles et confidentielles, nécessitant ainsi une protection renforcée. Pour garantir une sécurité optimale, AWS met à disposition plusieurs outils et services qui permettent de protéger les applications en ligne. Il y a le service AWS Identity and Access Management (IAM) qui permet de gérer les accès et les permissions des utilisateurs au sein de la plateforme. AWS Web Application Firewall (WAF) offre une protection contre les attaques web courantes telles que les injections SQL ou les attaques par déni de service (DDoS). AWS Shield est un autre outil de sécurité qui protège les applications contre les attaques DDoS en temps réel. AWS Key Management Service (KMS) permet quant à lui de chiffrer les données stockées dans le cloud pour une protection supplémentaire contre les intrusions. AWS Inspector permet de détecter les vulnérabilités et les erreurs de configuration dans les applications. Tous ces outils combinés offrent une sécurité complète et robuste pour les applications sur AWS, assurant ainsi la protection des données et la continuité des opérations de l'entreprise.

> **Azure**

Azure est une plateforme qui peut déployer des applications, qu'elles soient internes ou destinées aux clients. Il faut donc s'assurer que ces applications sont sécurisées pour protéger les données sensibles et éviter toute intrusion malveillante. Azure propose plusieurs outils et fonctionnalités pour sécurité des applications. D'abord, il y a un service appelé Azure Active Directory qui permet aux utilisateurs et aux applications de se connecter à leur site web. Il permet de gérer les accès aux ressources Azure en utilisant des identités uniques pour chaque utilisateur. Ensuite, Azure Key Vault stocke et gère les clés de chiffrement et les certificats utilisés par les applications sur Azure. Cela permet de protéger les données sensibles stockées dans le cloud.

Azure Security Center est un outil important pour la sécurité des applications sur Azure. Il montre tout sur la sécurité des ressources Azure et détecte les problèmes en temps réel. Il propose des recommandations pour améliorer la sécurité et permet de mettre en place des contrôles de sécurité personnalisés pour les applications.

Azure Monitor permet de surveiller les performances et la disponibilité des applications sur Azure, ainsi que leur sécurité. Il détecte les vulnérabilités et les tentatives d'attaques et permet de prendre des mesures immédiates pour y remédier.

CHAPITRES XII

GESTION DES COUTS ET OPTIMISATION DANS AWS ET AZURE

Objectif

Dans ce chapitre essentiel, nous aborderons les aspects cruciaux de la gestion des coûts et de l'optimisation des ressources lors de la migration des applications vers le Cloud. Nous mettrons en lumière les meilleures pratiques, les outils et les stratégies clés pour maximiser l'efficacité opérationnelle et réduire les coûts.

12 GESTION DES COUTS ET OPTIMISATION DANS AWS ET AZURE

L orsqu'une entreprise envisage de migrer vers le Cloud, il est essentiel de prendre en compte la gestion des coûts et l'optimisation des dépenses liées à cette transition. La migration vers le Cloud peut entraîner des coûts supplémentaires si elle n'est pas gérée de manière efficace. Il existe différentes approches qui permettent de gérer les coûts de manière optimale. Pour commencer, nous devons optimiser les ressources en ne payant que pour ce dont l'entreprise a réellement besoin et en utilisant des services de Cloud adaptés à ses besoins spécifiques. Ensuite, il est essentiel de mettre en place un suivi des dépenses afin de contrôler et de prévenir les coûts inutiles ou excessifs. Il est recommandé d'utiliser des outils de gestion des coûts et de l'optimisation pour avoir une vision globale et détaillée des dépenses liées à la migration vers le Cloud.

12.1 MODELES DE TARIFICATION CLOUD

Les modèles de tarification cloud, également appelés modèles de paiement à l'utilisation, sont des méthodes de tarification pour les services de cloud computing. Ils sont conçus pour offrir une flexibilité et une transparence aux utilisateurs en leur permettant de ne payer que pour les ressources qu'ils utilisent réellement. Il existe trois principaux modèles de tarification cloud : le modèle à la demande, le modèle réservé et le modèle sans serveur. Le modèle à la demande est le plus couramment utilisé et implique le paiement en fonction de la consommation réelle des ressources, telles que le stockage, la bande passante et la puissance de calcul. Le modèle réservé, quant à lui, permet aux utilisateurs de réserver à l'avance des ressources pour une période déterminée à un tarif réduit. Le modèle sans serveur est basé sur l'exécution de fonctions individuelles et ne facture que pour le temps d'exécution réellement utilisé. Ces différents modèles de tarification offrent aux utilisateurs une plus grande flexibilité et un meilleur contrôle sur leurs coûts de cloud computing.

➤ **AWS**

Les modèles de tarification AWS (Amazon Web Services) sont conçus pour offrir une flexibilité et une économie à ses utilisateurs. Il existe plusieurs types de modèles de tarification AWS, notamment le modèle à la demande, le modèle réservé, le modèle basé sur l'utilisation et le modèle gratuit.
Le modèle à la demande est le plus simple et le plus flexible, il permet de payer uniquement pour les ressources utilisées sans aucun engagement à long terme. Le modèle réservé, quant à lui, offre une réduction de prix pour les ressources utilisées

sur une période de temps déterminée, généralement 1 ou 3 ans. Le modèle basé sur l'utilisation est similaire au modèle à la demande, mais il offre des réductions de prix en fonction du volume d'utilisation. Le modèle gratuit permet aux nouveaux utilisateurs de découvrir et de tester les services AWS gratuitement pendant une certaine période.

La différence des modèles AWS avec les autres plateformes réside principalement dans leur flexibilité et leur simplicité. AWS offre un large éventail de services et de modèles de tarification pour répondre aux besoins spécifiques de chaque entreprise. De plus, la tarification est transparente et il n'y a pas de frais cachés. Les autres plateformes peuvent avoir des tarifs plus complexes et moins flexibles, ainsi que des frais supplémentaires pour certains services. AWS se distingue également par sa capacité à s'adapter à la demande et à fournir des ressources à grande échelle en quelques minutes, ce qui en fait un choix populaire pour les grandes entreprises et les start-ups en croissance.

Les modèles de tarification AWS offrent une grande variété d'options pour répondre aux besoins et aux budgets de chaque entreprise. Ils se démarquent des autres plateformes par leur flexibilité, leur simplicité et leur capacité à s'adapter à la demande. Avec AWS, les utilisateurs peuvent choisir le modèle de tarification qui convient le mieux à leurs besoins et bénéficier d'une tarification transparente et compétitive pour leurs services cloud.

> **Azure**

Les modèles de tarification Azure doivent être compris pour utiliser efficacement cette plateforme de cloud computing. Nous devrons noter que les modèles de tarification Azure ne sont pas les mêmes pour tous les services proposés. En effet, Microsoft Azure propose trois principaux modèles de tarification : le modèle à la consommation, le modèle de réservation et le modèle Enterprise Agreement.

Le modèle à la consommation est le plus couramment utilisé et le plus flexible. Il s'agit d'un modèle de paiement à l'utilisation, où vous ne payez que pour les ressources que vous consommez. Cela signifie que vous pouvez augmenter ou réduire vos ressources en fonction de vos besoins, et que vous ne serez facturé que pour ce que vous utilisez réellement. Ce modèle est idéal pour les petites entreprises ou les projets à court terme.

Le modèle de réservation, quant à lui, permet aux utilisateurs de payer à l'avance pour une quantité spécifique de ressources, à un tarif réduit. Cela peut être intéressant pour les entreprises qui ont une utilisation prévisible et stable des ressources Azure. En réservant à l'avance, elles peuvent réaliser des économies importantes sur leur facture mensuelle.

Le modèle Enterprise Agreement est conçu pour les grandes entreprises qui ont des besoins complexes en matière de cloud computing. Il s'agit d'un contrat sur mesure qui permet aux entreprises de négocier un tarif personnalisé en fonction de leur utilisation et de bénéficier de services supplémentaires tels que le support technique et la gestion de compte dédiée.

La principale différence entre les modèles de tarification Azure et les autres plateformes de cloud computing réside dans leur flexibilité et leur adaptabilité. Avec Azure, les utilisateurs peuvent choisir le modèle qui correspond le mieux à leurs besoins et ne paient que pour ce qu'ils utilisent réellement, ce qui peut être plus avantageux que les tarifs fixes proposés par d'autres plateformes. De plus, Azure offre une grande variété de services et d'options de personnalisation, ce qui permet de répondre aux besoins spécifiques de chaque entreprise.

Les modèles de tarification Azure offrent une grande flexibilité et une grande adaptabilité pour répondre aux besoins des utilisateurs. En choisissant le modèle qui correspond le mieux à leurs besoins, les entreprises peuvent optimiser leurs coûts et bénéficier de services de cloud computing performants et évolutifs.

12.2 SUIVI ET ANALYSE DES COUTS

Le cloud offre une flexibilité et une évolutivité inégalées, mais il peut également être coûteux si une gestion efficace n'est pas mise en place. C'est pourquoi nous devons comprendre les différents aspects du suivi et de l'analyse des coûts sur le cloud.

Nous devons savoir que les coûts sur le cloud sont généralement basés sur le principe du "pay-as-you-go", c'est-à-dire que vous ne payez que pour les ressources que vous utilisez réellement. Cela peut sembler avantageux, mais cela signifie également qu'il est crucial de bien suivre et d'analyser vos coûts pour éviter toute mauvaise surprise à la fin du mois.

Pour contrôler les dépenses liées au cloud, il est possible de le faire à différents niveaux. On peut ainsi surveiller les coûts au niveau de chaque ressource utilisée, tel qu'un serveur virtuel. On peut également se concentrer sur des services spécifiques, tels que le stockage ou la bande passante. Enfin, il est également possible de suivre les coûts globaux de l'ensemble de l'infrastructure cloud utilisée. Cette approche permet de mieux maîtriser les coûts et de prendre des décisions éclairées pour optimiser les dépenses.

Il est recommandé de suivre les coûts à tous ces niveaux pour avoir une vue d'ensemble de vos dépenses. L'analyse des coûts sur le cloud consiste à étudier les différents éléments qui impactent vos dépenses et à identifier les éventuelles sources d'économies. Cela peut inclure la répartition des coûts par département ou par projet, l'identification des ressources les plus coûteuses et leur optimisation, ou encore la comparaison des différentes offres de cloud pour trouver la plus avantageuse pour votre entreprise. Le suivi et l'analyse des coûts sur le cloud sont des étapes indispensables pour une gestion efficace et rentable de vos ressources. Ils vous permettent de mieux comprendre vos dépenses, de les maîtriser et de les optimiser pour une utilisation optimale de vos services de cloud computing. Il est donc nécessaire de les intégrer dans votre stratégie d'utilisation du cloud pour une gestion efficiente de vos ressources et une maîtrise de vos coûts.

> ➢ **AWS**

Pour commencer, il est essentiel de comprendre les différents éléments qui composent la facturation sur AWS. Tout d'abord, il y a les frais de base, qui correspondent au prix de location des ressources (serveurs, stockage, etc.) et qui sont généralement facturés à l'heure ou au mois. Ensuite, il y a les frais variables, liés à l'utilisation réelle des ressources, tels que les transferts de données, les requêtes API, etc.

Pour suivre et analyser les coûts sur AWS, il existe plusieurs outils et fonctionnalités disponibles pour vous aider à mieux gérer votre budget et optimiser vos dépenses sur cette plateforme de cloud computing. Tout d'abord, AWS propose un tableau de bord de facturation qui vous permet de visualiser en détail vos coûts mensuels, ainsi que les services utilisés et les ressources associées. Vous pouvez également définir des alertes de coûts pour être informé dès que vos dépenses dépassent un certain seuil prédéfini.

Ensuite, il y a le calculateur de coûts AWS qui vous permet d'estimer avec précision les coûts associés à un service ou une ressource spécifique avant de les déployer. Cela vous permet de planifier votre budget en amont et de prendre des décisions éclairées sur les services à utiliser.

En ce qui concerne l'analyse des coûts, AWS met à disposition le service Cost Explorer qui vous permet de visualiser et d'analyser vos dépenses sur une période donnée, en filtrant par service, région, tag ou encore en comparant avec des périodes antérieures. Vous pouvez également créer des rapports personnalisés pour une analyse plus approfondie de vos coûts.

Pour une gestion proactive des coûts, AWS offre la possibilité d'utiliser des tags sur vos ressources afin de mieux les catégoriser et de suivre leurs coûts de manière plus précise. Vous pouvez également utiliser des stratégies de gestion des coûts pour limiter l'utilisation de certains services ou mettre en place des budgets pour contrôler vos dépenses. En utilisant ces différents outils et fonctionnalités, vous pourrez suivre vos coûts sur AWS de manière efficace et prendre les mesures nécessaires pour optimiser vos dépenses et maximiser votre retour sur investissement.

> **AZURE**

Pour vous aider à gérer efficacement vos dépenses et à optimiser vos ressources, Azure met à votre disposition différents outils de suivi et d'analyse des coûts. Le premier outil est le tableau de bord de coûts, qui vous permet de visualiser en temps réel vos dépenses en fonction des différents services utilisés. Vous pouvez également définir des budgets et des alertes pour être informé en cas de dépassement. Ensuite, le rapport de coûts vous donne une vue détaillée de vos dépenses par service, région et abonnement. Vous pouvez ainsi identifier les services les plus coûteux et prendre les mesures nécessaires pour les optimiser. Pour une analyse plus approfondie, Azure Mettre en place des outils d'analyse des coûts, tels que Azure Cost Management + Facturation, qui vous permet de suivre vos dépenses sur une période donnée, de comparer vos coûts avec d'autres entreprises et de découvrir des opportunités d'économies. Azure Advisor vous fournit des recommandations personnalisées pour réduire vos coûts et améliorer l'efficacité de vos ressources. En utilisant ces différents outils de suivi et d'analyse des coûts, vous pourrez mieux contrôler vos dépenses sur Azure et optimiser votre utilisation de cette plateforme de cloud computing.

12.3   OPTIMISATION DES RESSOURCES

L'optimisation des ressources sur le cloud est un sujet de plus en plus important dans le monde de l'informatique. Avec l'évolution constante des technologies et l'augmentation des besoins en termes de stockage et de traitement des données, les entreprises doivent trouver des solutions pour gérer efficacement leurs ressources sur le cloud. Mais qu'est-ce que l'optimisation des ressources sur le cloud ? Cela consiste à utiliser de manière efficace et économique les ressources disponibles sur le cloud, telles que le stockage, la puissance de calcul et la bande passante. Pour ce faire, les entreprises doivent adopter une approche stratégique qui consiste à évaluer régulièrement leurs besoins en ressources, à les allouer de manière appropriée et à les ajuster en fonction des fluctuations de la demande. Cela permet non seulement d'économiser de l'argent en évitant les gaspillages, mais également d'améliorer les performances et la fiabilité des services sur le cloud. En outre, l'optimisation des ressources sur le cloud peut également contribuer à réduire l'impact environnemental en limitant la consommation énergétique. L'optimisation des ressources sur le cloud est un enjeu majeur pour les entreprises qui souhaitent tirer le meilleur parti de cette technologie et rester compétitives dans un monde en constante évolution.

> **AWS**

L'optimisation des ressources sur AWS garantit une utilisation efficace et rentable de la plateforme cloud. Pour ce faire, il existe plusieurs outils qui peuvent vous aider à gérer et à optimiser vos ressources sur AWS. Tout d'abord, le service de suivi des coûts AWS vous permet de suivre en temps réel l'utilisation de vos ressources et de visualiser les coûts associés. Cela vous permet de prendre des décisions éclairées sur l'ajustement de vos ressources en fonction de vos besoins réels. Ensuite, vous pouvez utiliser AWS Trusted Advisor, un outil qui analyse votre infrastructure AWS et vous fournit des recommandations pour optimiser vos ressources en termes de coûts, de performances, de sécurité et de fiabilité. En utilisant les outils de gestion de l'inventaire d'AWS, tels que AWS Config et AWS Resource Groups, vous pouvez avoir une vue d'ensemble de toutes vos ressources et les organiser en groupes pour une gestion plus efficace. en utilisant des services tels qu'Amazon CloudWatch et AWS Auto Scaling, vous pouvez surveiller et ajuster automatiquement vos ressources en fonction de la demande, ce qui vous permet de réaliser des économies de coûts importantes tout en maintenant des performances optimales pour vos applications. En utilisant ces différents outils, vous pourrez optimiser vos ressources sur AWS de manière précise et cohérente, pour une utilisation efficace et rentable de la plateforme cloud.

> **AZURE**

L'optimisation permet de maximiser l'utilisation et la performance des ressources mises à disposition, tout en minimisant les coûts. Il existe plusieurs outils offerts par Azure qui permettent de surveiller, de gérer et d'optimiser les ressources. Le premier outil est Azure Advisor, qui fournit des recommandations personnalisées pour améliorer l'efficacité et la sécurité des ressources. Azure Cost Management permet de suivre et de contrôler les dépenses liées aux ressources, en fournissant des rapports détaillés et des prévisions de coûts. Le service Azure Monitor quant à lui, permet de surveiller les performances et la disponibilité des ressources en temps réel. Azure Automation offre la possibilité d'automatiser des tâches récurrentes pour optimiser l'utilisation des ressources. En utilisant ces outils de manière combinée, il est possible de réaliser une optimisation efficace des ressources sur Azure, en assurant une utilisation optimale des ressources tout en réduisant les coûts.

12.4 ANALYSE DES PERFORMANCES ET DES COUTS

Le cloud offre une flexibilité et une évolutivité inégalées, mais il peut également être coûteux si les ressources ne sont pas utilisées de manière efficace. C'est pourquoi une analyse régulière sur les performances et les coûts sur le cloud doit être faite afin de prendre des décisions éclairées et d'optimiser les dépenses. Il sera donc nécessaire de surveiller les performances des applications hébergées sur le cloud. Cela peut inclure des métriques telles que le temps de réponse, la disponibilité et l'utilisation des ressources. En analysant ces données, les entreprises peuvent identifier les goulots d'étranglement et les inefficacités qui peuvent avoir un impact négatif sur les performances et les coûts.il est essentiel de suivre de près les coûts sur le cloud. Les fournisseurs de services de cloud computing utilisent généralement un modèle de tarification à la demande, ce qui signifie que les entreprises ne paient que pour les ressources qu'elles utilisent réellement. Cependant, il est facile de se laisser emporter et de provisionner plus de ressources que nécessaire, entraînant des coûts inutiles. En analysant les coûts, les entreprises peuvent identifier les services et les ressources qui sont les plus coûteux et prendre des mesures pour les optimiser.

Il est nécessaire de comprendre comment les performances et les coûts sont liés sur le cloud. Par exemple, une application qui utilise trop de ressources peut entraîner des coûts élevés, tandis qu'une application avec des performances médiocres peut avoir un impact négatif sur l'expérience utilisateur et donc sur les revenus de l'entreprise. En analysant ces deux aspects ensemble, les entreprises peuvent trouver un équilibre optimal entre les performances et les coûts sur le cloud. L'analyse des performances et des coûts sur le cloud est un processus continu et essentiel pour les entreprises qui souhaitent tirer le meilleur parti de leurs services de cloud computing. En surveillant attentivement les performances, les coûts et leur relation, les entreprises peuvent prendre des décisions éclairées pour optimiser leur utilisation du cloud et réaliser des économies significatives.

➢ **AWS**

L'analyse des performances et des coûts sur AWS permettent de suivre et d'optimiser l'utilisation de leurs ressources en termes de performance et de coûts. Pour cela, AWS propose plusieurs outils tels que CloudWatch, Trusted Advisor et Cost Explorer.

CloudWatch est un service de surveillance qui collecte et stocke des données de performances pour les instances EC2, les bases de données RDS, les applications web et autres services AWS. Grâce à ces données, les utilisateurs peuvent suivre les performances de leurs ressources en temps réel et détecter rapidement tout problème potentiel.

Trusted Advisor est un outil qui analyse en profondeur l'utilisation des ressources AWS et fournit des recommandations pour optimiser les performances et réduire les coûts. Il peut détecter des problèmes tels que des instances EC2 sous-utilisées, des volumes de stockage inutilisés et des configurations de sécurité non conformes.

Cost Explorer permet d'analyser les coûts de manière détaillée en fournissant des rapports sur les dépenses par service, région, tag et période de temps. Les utilisateurs peuvent ainsi identifier les services les plus coûteux et trouver des moyens de réduire leurs dépenses.

En combinant ces outils, les entreprises peuvent obtenir une vue d'ensemble complète de leurs performances et de leurs coûts sur AWS. Cela leur permet de prendre des décisions éclairées pour optimiser leur utilisation des ressources et réduire leurs dépenses, tout en maintenant une haute qualité de service pour leurs clients.

> **AZURE**

L'analyse des performances et des coûts sur Azure permet de surveiller et d'évaluer l'efficacité et l'efficience des ressources utilisées, ainsi que les dépenses associées. Pour ce faire, Azure propose plusieurs outils spécifiques qui permettent une analyse précise et cohérente.

Azure Monitor est un outil de surveillance en temps réel qui fournit des informations sur les performances et l'utilisation des ressources Azure telles que les machines virtuelles, les bases de données et les applications. Il permet de visualiser et d'analyser les données de manière claire et concise, afin de détecter les éventuelles anomalies ou inefficacités.

Azure Advisor est un outil d'optimisation des coûts qui fournit des recommandations personnalisées pour réduire les dépenses liées à l'utilisation des services Azure. Il analyse les ressources et les propose des solutions pour les optimiser, en fonction des meilleures pratiques et de l'utilisation réelle.

Azure Cost Management est un outil de suivi des coûts qui permet de visualiser et de gérer les dépenses sur Azure. Il fournit des rapports détaillés sur les coûts par service, par région et par abonnement, ainsi que des prévisions pour un meilleur contrôle des dépenses.

Azure Service Health est un outil de surveillance des performances qui fournit des informations en temps réel sur l'état des services Azure. Il permet de détecter et de résoudre rapidement les problèmes éventuels qui pourraient affecter les performances et les coûts.

12.5 STRATEGIES D'ECONOMIES

Le cloud computing est une technologie qui permet aux entreprises et aux particuliers de stocker et d'accéder à leurs données et applications en ligne, plutôt que sur leur propre ordinateur ou serveur. Avec la croissance exponentielle des données et des besoins en matière de stockage, le cloud est devenu une solution populaire pour de nombreuses organisations. Cependant, avec des coûts de stockage et de traitement qui peuvent rapidement s'accumuler, nous devrons adopter des stratégies d'économie dans le cloud pour optimiser son utilisation.

La première stratégie d'économie dans le cloud consiste à évaluer et à optimiser les besoins en matière de stockage et de traitement, comprendre les différents types de services de cloud disponibles, tels que le cloud public, privé ou hybride, et de choisir celui qui répond le mieux aux besoins de l'entreprise. En outre, il est essentiel de suivre de près l'utilisation des ressources pour éviter les coûts inutiles et d'utiliser des outils de surveillance pour identifier les ressources sous-utilisées.

La seconde stratégie d'économie consiste à utiliser des services de cloud réservés ou à long terme plutôt que des services à la demande. Les fournisseurs de cloud proposent souvent des réductions importantes pour les engagements à long terme, ce qui peut être avantageux pour les entreprises ayant des besoins stables en matière de stockage et de traitement. De plus, il est recommandé de comparer les coûts entre différents fournisseurs de cloud pour trouver les tarifs les plus avantageux.

En outre, l'optimisation des charges de travail peut également aider à réduire les coûts dans le cloud. Pour cela , l'on devra commencer par surveiller et de planifier les besoins en matière de stockage et de traitement en fonction des fluctuations saisonnières ou des périodes d'activité plus intenses. En utilisant des services de cloud auto-évolutifs, les ressources peuvent être ajustées en fonction des besoins en temps réel, ce qui permet de réaliser des économies significatives.

Une bonne gestion des données est essentielle pour économiser dans le cloud. Les entreprises doivent mettre en place des politiques de gestion des données pour supprimer les données inutiles ou redondantes, ainsi que pour archiver les données moins fréquemment utilisées. Cela permet de réduire les coûts de stockage et de traitement et d'optimiser l'utilisation des ressources.

> ➤ **AWS**

La stratégie d'économie sur AWS vise à optimiser les coûts liés à l'utilisation des services cloud proposés par Amazon Web Services. Pour y parvenir, plusieurs outils sont à disposition des utilisateurs. Tout d'abord, Nous devrons suivre de près ses dépenses grâce à l'outil de suivi des coûts AWS Cost Explorer. Celui-ci permet d'analyser et de visualiser les coûts associés à chaque service utilisé, ainsi que de prévoir les coûts futurs en fonction de l'utilisation prévue. Ensuite, il est recommandé d'utiliser des outils de dimensionnement automatique tels que AWS Auto Scaling, qui ajuste automatiquement les ressources en fonction de la demande pour éviter des coûts inutiles. De plus, l'utilisation de services de stockage comme Amazon S3 Infrequent Access ou Amazon EBS Cold HDD permet de réduire les coûts en stockant les données moins fréquemment utilisées sur des supports moins coûteux. L'utilisation de réservations d'instances EC2 ou de tarifs réservés pour les services tels que Amazon RDS ou Amazon Redshift permet de bénéficier de réductions importantes sur les coûts d'utilisation à long terme. En suivant ces différentes recommandations et en utilisant ces outils de manière cohérente, il est possible de réaliser des économies substantielles sur AWS tout en optimisant l'utilisation des ressources.

> **AZURE**

La stratégie d'économie sur Azure est un ensemble de mesures et de solutions mises en place pour optimiser les coûts d'utilisation de la plateforme cloud de Microsoft. Cette stratégie vise à réduire les dépenses liées à l'infrastructure, à l'hébergement et aux services proposés par Azure, tout en maintenant un niveau de performance élevé. Pour cela, plusieurs outils sont proposés par Azure, tels que le calculateur de coûts, qui permet d'estimer les dépenses en fonction des ressources utilisées, ou encore les offres de réservation, qui permettent de bénéficier de tarifs préférentiels en s'engageant sur une période donnée. D'autres outils, comme Azure Cost Management, permettent de suivre et d'analyser en détails les coûts associés à chaque service utilisé, afin d'identifier les postes de dépenses les plus importants et de prendre les mesures nécessaires pour les réduire. En utilisant ces outils de manière stratégique, il est possible d'optimiser les coûts sur Azure et de tirer pleinement parti des avantages de cette plateforme cloud pour votre entreprise.

12.6 ÉDUCATION ET SENSIBILISATION

L'éducation et la sensibilisation dans le domaine du cloud sont des éléments importants pour comprendre et utiliser cette technologie de manière responsable et éthique. Le cloud, ou "informatique en nuage", est un système de stockage et de traitement de données en ligne, offrant une grande flexibilité et facilité d'accès aux utilisateurs. Cependant, avec cette facilité d'utilisation vient une responsabilité de comprendre comment le cloud fonctionne et comment il peut être utilisé de manière sûre et sécurisée.

L'éducation sur le cloud commence dès le plus jeune âge, avec l'apprentissage des bases de l'informatique et de l'utilisation d'Internet. En grandissant, il est nécessaire que l'on soit informé des différentes options de stockage et de partage de données en ligne, ainsi que des risques liés à leur utilisation. Les écoles et les entreprises doivent également fournir une formation sur les politiques et les protocoles à suivre lors de l'utilisation du cloud dans un environnement professionnel.

En plus de l'éducation, la sensibilisation est un élément crucial pour promouvoir une utilisation responsable du cloud. Les utilisateurs doivent être conscients des risques de sécurité tels que le vol de données, les cyberattaques et les atteintes à la vie privée. Ils doivent également être informés des pratiques à suivre pour protéger leurs données, telles que la création de mots de passe forts, la sauvegarde régulière de leurs données et l'utilisation de systèmes de sécurité fiables.

Nous devrons souligner que l'éducation et la sensibilisation dans le domaine du cloud ne sont pas seulement des responsabilités individuelles, mais aussi collectives. Les gouvernements et les entreprises doivent travailler ensemble pour mettre en place des réglementations et des normes de sécurité pour protéger les utilisateurs et leurs données dans le cloud. Il est également essentiel que les entreprises de cloud fournissent des informations claires sur leurs politiques de confidentialité et de sécurité, afin que les utilisateurs puissent prendre des décisions éclairées sur leur utilisation du cloud.

CHAPITRE XIII

COMPARAISON DES SERVICES ET DE LA COUVERTURE GLOBALE DANS AWS ET AZURE

Objectif

Dans ce chapitre, nous examinerons de près les deux principaux fournisseurs de services cloud, AWS et Azure, en les comparant sur plusieurs critères clés pour aider les architectes de solutions SI à prendre des décisions éclairées lors de la migration des applications.

13   COMPARAISON DES SERVICES ET DE LA COUVERTURE GLOBALE DANS AWS ET AZURE

L orsqu'il s'agit de choisir une plateforme de cloud computing pour votre entreprise, nous devrons examiner toutes les options disponibles pour trouver celle qui répond le mieux à vos besoins. Deux des leaders du marché, AWS et Azure, offrent une gamme de services de cloud computing pour répondre aux besoins de toutes sortes d'entreprises. Dans cette analyse comparative, nous allons examiner les différents aspects de ces deux plateformes, tels que les services proposés, les prix, la disponibilité régionale et les fonctionnalités spécifiques, afin de vous aider à prendre une décision éclairée sur la plateforme la plus adaptée à votre entreprise. En examinant ces éléments de manière cohérente et détaillée, vous pourrez mieux comprendre les avantages et les inconvénients de chaque plateforme et choisir celle qui répondra le mieux à vos besoins en matière de cloud computing. Dans ce chapitre, nous examinerons de près les deux principaux fournisseurs de services cloud, AWS et Azure, en les comparant sur plusieurs critères clés pour aider les architectes de solutions SI à prendre des décisions éclairées lors de la migration des applications.

13.1   PORTÉE DES SERVICES

La portée des services proposés par les fournisseurs de cloud computing, tels que AWS et Azure, est devenue de plus en plus vaste et complexe au fil des années. Ces deux géants du cloud offrent une large gamme de services dans différents domaines, allant du calcul et du stockage aux bases de données, en passant par l'intelligence artificielle et l'Internet des objets. En ce qui concerne le calcul, AWS et Azure proposent tous deux des services d'infrastructure en tant que service (IaaS) tels que EC2 et VM, qui permettent aux utilisateurs de créer et de gérer des machines virtuelles à la demande. Cependant, AWS a une longueur d'avance en termes de choix de types d'instances et de prix compétitifs. D'un autre côté, Azure se démarque avec son service de plateforme en tant que service (PaaS), App Service, qui permet aux utilisateurs de déployer facilement des applications web sans avoir à gérer l'infrastructure sous-jacente. En ce qui concerne le stockage, AWS et Azure offrent tous deux une variété de solutions de stockage telles que S3 et Blob Storage. Cependant, AWS propose également des services de stockage de données en block, en fichier et en archivage, tandis qu'Azure se distingue par son service de stockage de fichiers hautement évolutif et son service de stockage de données hybride. En ce qui concerne les bases de données, AWS et Azure offrent tous deux des services de base de données relationnelle et non relationnelle. AWS a une longueur d'avance avec son service de base de données managée, RDS, qui prend en charge plusieurs moteurs de base de données tels que MySQL, PostgreSQL et SQL Server. Azure, quant à lui, propose des services de base de données managée tels que SQL Database et Cosmos DB, qui offrent une évolutivité et une disponibilité élevées. En ce qui concerne l'IA, AWS et Azure proposent tous deux des services de machine learning et de traitement du langage naturel. AWS a une longueur d'avance avec son service SageMaker, qui permet aux utilisateurs de créer, de déployer et de gérer facilement des modèles de machine learning. Azure se distingue avec son service de traitement du langage naturel, Azure Cognitive Services, qui permet aux utilisateurs d'ajouter rapidement des fonctionnalités d'IA à leurs applications.

En ce qui concerne l'IoT, AWS et Azure proposent tous deux des services de collecte, de stockage et d'analyse de données IoT. AWS se démarque avec son service IoT Core, qui permet aux utilisateurs de gérer des milliards d'appareils connectés, tandis qu'Azure propose des services tels que IoT Hub et IoT Central pour la gestion et le suivi des appareils IoT.

La portée des services proposés par AWS et Azure est très vaste et couvre une grande variété de besoins en matière de cloud computing. Chaque fournisseur a ses points forts dans différents domaines, ce qui en fait des choix populaires pour les entreprises de toutes tailles et de tous secteurs.

13.2 PRIX ET MODELES TARIFAIRES

Les prix et modèles tarifaires sont des éléments essentiels à prendre en compte lorsqu'on choisit un fournisseur de services cloud. Dans ce contexte, il est intéressant de comparer les modèles tarifaires d'AWS et d'Azure afin de déterminer lequel offre la meilleure solution en termes de coûts. Tout d'abord, nous devions savoir que les deux fournisseurs adoptent un modèle de tarification à la demande, où les utilisateurs payent uniquement pour les ressources qu'ils consomment. Cependant, AWS propose également un modèle de tarification réservée, qui permet de bénéficier de réductions en échange d'un engagement à long terme. Du côté des coûts d'instances, AWS offre une plus grande variété d'options avec des tarifs allant du plus bas au plus élevé, tandis que Azure propose des tarifs plus élevés mais avec des performances supérieures. En ce qui concerne les services supplémentaires, les tarifs d'AWS sont généralement plus bas que ceux d'Azure, bien que cela puisse varier en fonction des services spécifiques utilisés. Les frais de transfert de données peuvent également avoir un impact significatif sur les coûts, et dans ce domaine, Azure à tendance à être plus avantageux avec des frais de transfert gratuits entre les différentes régions. Pour optimiser les coûts, nous devons bien comprendre les modèles tarifaires d'AWS et d'Azure, ainsi que les coûts associés aux différentes instances, services supplémentaires et frais de transfert de données. Cela permettra de choisir le fournisseur le plus adapté en fonction des besoins et du budget de chaque entreprise.

13.3 PERFORMANCE ET DISPONIBILITE

De nos jours, deux des principaux fournisseurs de services cloud sont AWS (Amazon Web Services) et Azure (Microsoft Azure). Ces deux plateformes offrent une vaste gamme de services et de fonctionnalités pour répondre aux besoins des entreprises. Cependant, nous devrons comprendre comment ces deux fournisseurs évaluent et garantissent la performance et la disponibilité de leurs services.
En termes de performance, AWS et Azure ont des mesures similaires telles que le temps de réponse, la bande passante et le débit pour évaluer leurs services. Ils fournissent également des outils de surveillance et de suivi en temps réel pour suivre les performances de leurs services. Cependant, AWS a une longueur d'avance sur Azure en termes de performances avec une latence plus faible et une bande passante plus élevée.

En ce qui concerne la disponibilité, les deux fournisseurs ont des SLA (Accords de niveau de service) qui garantissent un temps de disponibilité minimum pour leurs services. AWS a une disponibilité garantie de 99,99%, tandis que Azure a une disponibilité garantie de 99,9%. Il faut noter que ces SLA ne couvrent pas tous les services et peuvent varier en fonction de la région et du type de service choisi.

Pour garantir une haute disponibilité, AWS et Azure ont des centres de données dans différentes régions à travers le monde. AWS offre actuellement 24 régions, tandis que Azure en a 54. Cela permet aux entreprises de choisir la région la plus proche de leurs utilisateurs pour une meilleure performance et une disponibilité optimale. Les deux fournisseurs ont une infrastructure de récupération après sinistre pour assurer la continuité des services en cas de panne ou de catastrophe naturelle.

Les deux fournisseurs de services cloud, AWS et Azure, ont des mesures et des garanties similaires pour évaluer et garantir la performance et la disponibilité de leurs services. Cependant, AWS a une longueur d'avance sur Azure en termes de performances et offre également une plus grande flexibilité en termes de régions disponibles. Il est donc important pour les entreprises de bien évaluer leurs besoins et de choisir le fournisseur qui répond le mieux à leurs exigences en matière de performance et de disponibilité.

13.4 SECURITE ET CONFORMITE

La sécurité et la conformité sont importants dans l'informatique et le cloud computing. AWS et Azure ont fait des mesures de sécurité pour protéger les informations de leurs clients en utilisant des services cloud. Ces deux plateformes ont des approches différentes en matière de sécurité. AWS et Azure ont des pare-feux, des outils de détection et de prévention des intrusions, ainsi que des options de chiffrement pour protéger les données en transit et au repos. AWS est sûr car il permet de limiter l'accès aux ressources spécifiques du cloud. Azure propose une méthode de contrôle d'accès utilisée par des rôles pour gérer les ressources cloud.

AWS et Azure sont tous deux conformes aux normes et réglementations, comme ISO 27001, SOC 1 et SOC 2. AWS a plus de 60 certifications de conformité, y compris celles spécifiques à certaines industries comme la santé et les services financiers. Cela montre que AWS est engagé à s'assurer que les secteurs de la sécurité doivent être respectés.

AWS et Azure offrent tous deux des outils de gestion des identités et des accès (IAM) pour contrôler l'accès aux ressources cloud. AWS offre plusieurs options pour gérer les identités, comme des accès temporaires et des clés de chiffrement.

Les deux plateformes offrent des mesures de sécurité solides, AWS est conforme à un plus grand nombre de certifications et une gamme plus large d'outils de gestion des identités. La décision finale prendra en compte les besoins de l'entreprise et sa conformité réglementaire. Si vous utilisez AWS ou Azure, vous pouvez vérifier que vos informations seront en sécurité et conformes aux normes.

13.5   FACILITE D'UTILISATION ET SUPPORT

La facilité d'utilisation et le support doivent être pris en compte pour le choix d'une plateforme cloud. Les entreprises utilisent les services cloud sur AWS et Azure. Ils ont des critères importants pour être plus faciles à utiliser leurs interfaces utilisateur et des outils de gestion. AWS et Azure offrent des interfaces conviviales et intuitives pour les gens qui peuvent utiliser leur cloud facilement. Azure offre plusieurs outils de gestion que Azure, ce qui peut rendre l'utilisation d'Azure plus compliquée.

AWS et Azure ont une équipe pour aider les entreprises à résoudre rapidement les problèmes techniques. Mais AWS a beaucoup de partenaires et de consultants certifiés pour offrir un service plus équitable aux entreprises qui ont besoin d'aide plus complète. AWS propose aussi une documentation complète et des forums d'entraide en ligne, ce qui facilite la résolution de problèmes courants. AWS et Azure sont de haute qualité, ce qui facilite l'adoption et la gestion du cloud pour les entreprises. Ces fournisseurs s'efforcent de rendre l'utilisation du cloud facile et efficace pour leurs clients.

> **Écosystème et intégrations**

111

Les entreprises doivent avoir un écosystème cohérent et intégré pour répondre à leurs besoins spécifiques. Les deux principaux fournisseurs de cloud, AWS et Azure, ont créé un système qui aide les entreprises à créer des solutions personnalisées.

AWS propose des services cloud, du stockage et du calcul, à l'analyse de données et à la clé. Pour améliorer ces services, AWS travaille avec des entreprises spécialisées dans la sécurité, la gestion des informations et l'automatisation des processus. Ces partenariats permettent aux entreprises d'intégrer des solutions tierces à leur infrastructure AWS, ce qui leur permet d'optimiser leurs opérations et de réduire les coûts.

Azure offre beaucoup de services cloud pour satisfaire toutes les entreprises. Azure a développé un écosystème de partenaires pour compléter ces services. Cela permet aux entreprises de construire des solutions complètes en utilisant les services Azure et en les intégrant avec des outils tiers.

En plus de ces partenariats, AWS et Azure peuvent également utiliser d'autres outils populaires comme Salesforce, SAP et GitHub. Cela aide les entreprises à travailler avec d'autres services et à utiliser leurs fonctionnalités pour améliorer leur travail.

En analysant ces éléments de comparaison entre AWS et Azure, les architectes de solutions SI pourront mieux comprendre les forces et les faiblesses de chaque plateforme cloud, et prendre des décisions éclairées pour la migration des applications en fonction des besoins spécifiques de leur

CHAPITRE XIV

MIGRATION VERS AWS

Objectif

Ce chapitre fournit aux architectes de solutions SI une compréhension approfondie du processus de migration vers AWS, en mettant l'accent sur les meilleures pratiques et les défis à relever. il explore les différentes étapes de la migration vers AWS, en commençant par l'évaluation et la planification de la migration, en passant par la sélection des applications à migrer et les différentes options de déploiement sur AWS. Il met également en lumière les considérations de sécurité, de performance et de coûts à prendre en compte lors de la migration.

14 MIGRATION VERS AWS

L a migration vers Amazon Web Services (AWS) est une étape stratégique pour de nombreuses entreprises cherchant à optimiser leurs opérations et à bénéficier de l'évolutivité, de la flexibilité et des économies de coût offertes par le cloud. AWS fournit une gamme complète de services et d'outils destinés à simplifier le processus de migration, depuis l'évaluation initiale jusqu'à l'optimisation post-migration. Voici un aperçu des services clés, des outils de migration et des meilleures pratiques associées à une migration réussie vers AWS.

14.1 SERVICES AWS CLES POUR LA MIGRATION

La migration d'une application vers le cloud AWS peut transformer la manière dont une organisation déploie et gère ses applications, offrant une flexibilité, une échelle et une efficacité accrues. Pour migrer une application web dans AWS, nous avons besoin des d'utiliser les services incontournables tels que Amazon EC2, Amazon S3, Amazon RDS, AWS Lambda et Amazon VPC.

Amazon EC2 (Elastic Compute Cloud) est un service qui fournit une capacité de calcul scalable dans le cloud. C'est le service à opter pour héberger les serveurs d'applications, les serveurs web, et les bases de données, offrant une grande variété d'instances pour répondre à différents cas d'usage, depuis des applications gourmandes en ressources jusqu'à des services backend légers. En optant pour ce service nous pouvons faire le choix parmi une grande variété de types d'instances pour correspondre exactement aux besoins de performance de votre application, la possibilité de monter en charge ou de réduire la capacité selon la demande, permettant une gestion efficace des coûts. il s'intégre avec Amazon VPC pour isoler vos instances et contrôler l'accès réseau.

Le service Amazon S3 (Simple Storage Service) est idéal pour stocker et récupérer n'importe quelle quantité de données, à tout moment, de n'importe où sur le web. Parfait pour les sauvegardes, les archives, les données de big data, les contenus web statiques, et les médias. Elle a été conçue pour offrir 99.999999999% de durabilité, S3 stocke les données sur plusieurs sites, offre ainsi des fonctionnalités de contrôle d'accès sophistiquées et est capable de stocker des exaoctets de données sans problème, avec une gestion facile via le Management Console, l'API REST, et le SDK.

Quant à Amazon RDS (Relational Database Service), c'est un service conçu pour simplifier la configuration, l'utilisation et la mise à l'échelle des bases de données relationnelles dans le cloud. Supporte plusieurs moteurs de base de données comme MySQL, PostgreSQL, Oracle, et SQL Server. Elle permet d'automatiser des tâches administratives telles que les sauvegardes, la mise en place de réplicas en lecture, et le patching. Elle offre aussi des options de performance élevées avec des instances optimisées pour la base de données et le stockage SSD.

Le service AWS Lambda permet d'exécuter du code en réponse à des événements, tels que des modifications dans Amazon S3 ou des mises à jour dans Amazon DynamoDB, sans gérer de serveurs. L'avantage de l'utiliser c'est que vous payez uniquement pour le temps de calcul consommé, sans frais lorsque votre code n'est pas exécuté. Elle offre une capacité de traiter automatiquement les demandes montantes en charge sans configuration.

Pour le service Amazon VPC (Virtual Private Cloud), vous pouvez provisionner une section isolée du cloud AWS où vous pouvez lancer des ressources AWS dans un réseau virtuel que vous définissez. Il a le contrôle total sur l'environnement réseau, y compris la sélection de votre propre plage d'adresses IP, la création de sous-réseaux, et la configuration des tables de routage et des passerelles réseau. On peut aussi utiliser pour créer une architecture sécurisée, intégrant des groupes de sécurité et des listes de contrôle d'accès réseau (ACLs) pour réguler l'accès aux instances EC2.

En combinant ces services, les organisations peuvent créer une infrastructure cloud robuste, sécurisée et hautement disponible pour leurs applications, tout en bénéficiant de la flexibilité et de l'efficacité du cloud AWS.

14.2 OUTILS ET SERVICES DE MIGRATION AWS

AWS Migration Hub est un service proposé par Amazon Web Services pour faciliter la migration vers le cloud. Il permet aux entreprises de suivre et de gérer toutes leurs opérations de migration vers AWS à partir d'une seule interface. Grâce à cet outil, les entreprises peuvent évaluer leur environnement actuel, déterminer les applications à migrer et planifier leur migration en toute simplicité. Migration Hub fournit des informations détaillées sur les applications et les serveurs à migrer, ainsi que sur les coûts associés à chaque étape du processus. Cela permet aux entreprises de prendre des décisions éclairées et de garder le contrôle sur leur migration vers le cloud. Avec AWS Migration Hub, les entreprises peuvent bénéficier d'une migration en toute sécurité, efficace et sans interruption de service, ce qui leur permet d'accélérer leur transformation numérique.

AWS Database Migration Service est un outil de migration de bases de données offert par Amazon Web Services. Il permet aux utilisateurs de facilement migrer leurs bases de données existantes vers le cloud AWS sans interruption de service ou de temps d'arrêt. Ce service prend en charge une variété de bases de données relationnelles telles que Oracle, SQL Server, MySQL, PostgreSQL, ainsi que des bases de données non relationnelles telles que MongoDB et Cassandra. Grâce à son interface simple et à sa prise en charge de la réplication continue, AWS

Database Migration Service garantit une migration fluide et efficace des données vers le cloud AWS. De plus, il peut être utilisé pour migrer des données entre différentes régions AWS, ce qui en fait un outil pratique pour les entreprises ayant des opérations internationales. Avec AWS Database Migration Service, les utilisateurs peuvent facilement profiter des avantages de la flexibilité, de la sécurité et de la haute disponibilité offerts par le cloud AWS pour leurs bases de données.

AWS Server Migration Service est un service offert par Amazon Web Services qui permet de migrer facilement et rapidement des serveurs virtuels et physiques vers le cloud AWS. Ce service est conçu pour simplifier le processus de migration en automatisant la plupart des tâches, telles que la réplication des données, la conversion des systèmes d'exploitation, et la configuration des applications. Avec AWS Server Migration Service, les entreprises peuvent facilement déplacer leurs charges de travail vers le cloud sans perturber leur activité. Ce service offre également une large compatibilité avec différents systèmes d'exploitation et une prise en charge de plusieurs plates-formes de virtualisation. En utilisant AWS Server Migration Service, les entreprises peuvent bénéficier d'une migration rapide, sans interruption et sans perte de données, tout en réduisant les coûts et en améliorant les performances. C'est un outil précieux pour faciliter la transition vers le cloud et profiter des avantages qu'il offre en termes de flexibilité, de scalabilité et de sécurité.

AWS Snowball est un service de stockage de données proposé par Amazon Web Services. Il s'agit d'un appareil physique, de la taille d'une valise, qui permet de transférer de grandes quantités de données de manière sécurisée et rapide. Il est principalement utilisé pour les entreprises qui ont besoin de déplacer d'énormes volumes de données vers le cloud d'AWS. Le Snowball peut stocker jusqu'à 80 To de données et utilise des technologies de cryptage pour garantir la sécurité des données pendant leur transfert. Avec ce service, les entreprises peuvent éviter les coûts élevés et les longs délais associés au transfert de données sur Internet. Il est également possible de suivre le statut du transfert en temps réel via une interface en ligne. En bref, AWS Snowball offre une solution pratique et fiable pour gérer les transferts de données massifs vers le cloud.

AWS Application Discovery Service est un outil puissant qui permet aux entreprises de découvrir, d'évaluer et de planifier la migration de leurs applications existantes vers le cloud AWS. Cette solution automatisée collecte des informations sur les ressources informatiques de l'entreprise, telles que les serveurs, les bases de données et les applications, et fournit une vue complète de l'environnement informatique. Grâce à cette vue détaillée, les entreprises peuvent mieux comprendre leurs charges de travail et prendre des décisions éclairées pour leur migration vers le cloud. De plus, AWS Application Discovery Service offre des fonctionnalités de suivi et de rapport en temps réel, ainsi que des outils de planification pour faciliter le processus de migration. Cet outil permet aux entreprises de gagner du temps et de l'argent en réduisant les risques et en optimisant les performances de leurs applications dans le cloud AWS.

14.3 CAS D'ETUDE : MIGRATION D'UNE APPLICATION WEB D'E-COMMERCE

Dans le cadre d'un projet d'étude de migration d'une application web d'e-commerce, l'architecte solution SI devrait suivre plusieurs étapes pour assurer la réussite de cette migration. Tout d'abord, il devrait effectuer une analyse approfondie de l'application actuelle afin de comprendre son fonctionnement, ses composants et ses dépendances. Ensuite, il devrait déterminer les besoins et les objectifs de la migration en collaboration avec les différentes parties prenantes du projet.

La deuxième étape consisterait à évaluer les différentes options de migration possibles, telles que la refonte complète de l'application ou l'utilisation d'une nouvelle plateforme. L'architecte devrait également prendre en compte les contraintes techniques, financières et temporelles pour sélectionner la meilleure option.

Une fois l'option choisie, l'architecte devrait élaborer un plan détaillé de migration en définissant les différentes étapes et les sous-étapes nécessaires. Cela pourrait inclure la mise en place d'un environnement de test, la migration des données, la configuration des serveurs et la mise à jour des codes.

La phase suivante consisterait à effectuer la migration en elle-même en suivant le plan établi. L'architecte devrait superviser toutes les étapes et s'assurer que tout se déroule comme prévu. En cas de problèmes, il devrait être capable de trouver des solutions alternatives pour éviter les retards et les erreurs.

Une fois la migration terminée, l'architecte devrait effectuer des tests approfondis pour s'assurer que l'application fonctionne correctement et répond aux exigences définies. Il devrait également s'assurer que toutes les données ont été migrées avec succès et que les utilisateurs peuvent accéder à l'application sans aucune interruption.

L'architecte devrait documenter toutes les étapes de la migration ainsi que les configurations et les paramètres utilisés. Il devrait également former les équipes techniques et les utilisateurs finaux sur la nouvelle application pour assurer une transition en douceur.

Pour mener à bien une migration d'application web d'e-commerce, l'architecte solution SI devrait effectuer une analyse approfondie, définir un plan détaillé, superviser la migration et effectuer des tests rigoureux pour garantir le succès de la migration.

Tous ces phrases devront être rédigés dans deux documents distinctes appelés le HLD (High Level Design) et le LLD (Low Level Design)

Le HLD doit contenir la définition des objectifs et des besoins, la structure globale du système et ses différentes composantes. Et la partie de la modélisation, qui représente les graphiques des différentes interactions entre les composantes du système. Enfin, il y a la partie de la validation et de la vérification, qui vise à s'assurer que le système répond bien aux exigences et aux besoins définis au préalable.

Le LLD, n'est normalement pas rédigé par l'architecte Solution SI, mais tout dépend des attributs dans certaines entreprises.En effet le LLD est redigé par les ingénieurs techniques (production , intégrateur , systèmes ..etc). Ce document est rédigé sur la base du HLD, elle reprend tous le HLD mais avec les détails techniques tels que les protocoles, les méthodes de communication entre les différents modules (adresse IP, DNS, version des middlewares, version des OS, numéro de ports, protocole de communication tel que HTTPS, SMTP, SMB, SSH, SFTPS, etc.

14.3.1 Évaluation de l'application actuelle

Dans le cadre de notre projet d'étude d'une migration vers le cloud d'une application web d'e-commerce, une étape essentielle est l'évaluation de l'application existante. Cette évaluation consiste en une analyse approfondie de l'architecture et des composants techniques de l'application, ainsi qu'une identification des fonctionnalités critiques et des dépendances. Pour commencer, nous devons comprendre l'architecture de l'application actuelle. Cela implique de visualiser les différents composants qui la composent, tels que les serveurs, les bases de données, les applications tierces, etc. Il est également nécessaire de comprendre comment ces composants interagissent entre eux et de déterminer leur niveau de criticité pour le fonctionnement de l'application.

Ensuite, nous devrons analyser les technologies utilisées dans l'application. Quels langages de programmation sont-ils utilisés ? Quels sont les frameworks et les outils utilisés pour le développement ? Quels serveurs d'application et bases de données sont utilisés ? Cette étape permettra de mieux cerner les compétences techniques nécessaires pour effectuer la migration vers le cloud.

Une fois que l'architecture et les technologies ont été évaluées, il est temps d'identifier les fonctionnalités critiques de l'application. Il s'agit des fonctionnalités indispensables au bon fonctionnement de l'application et qui doivent être migrées avec succès vers le cloud.

Exemple des fonctionnalités critiques :

- *Catalogue de produits*

Elle l'affichage des produits avec des images, des descriptions détaillées, des prix et des disponibilités et donne la possibilité de rechercher et de filtrer les produits selon différents critères.

- *Panier d'achat*

C'est une fonctionnalité qui permet aux utilisateurs d'ajouter des produits à leur panier et d'afficher le résumé du panier, y compris le total des achats et les options de paiement.

- *Processus de commande*

C'est le processus de commande intuitif avec plusieurs étapes, y compris la saisie des informations de livraison, le choix du mode de paiement, la révision de la commande et la confirmation finale.

Elle donne aussi la possibilité aux utilisateurs de modifier les quantités, de supprimer des articles et d'appliquer des codes promotionnels.

- *Gestion des comptes utilisateur*

C'est la création de comptes utilisateurs pour une expérience personnalisée et la gestion des informations personnelles, des adresses de livraison, des préférences de communication, etc.

- *Paiement sécurisé*

C'est l'intégration de passerelles de paiement sécurisées pour permettre aux clients de payer en toute confiance. Elle intègre le support pour différents modes de paiement tels que les cartes de crédit, les virements bancaires, les portefeuilles numériques, etc.

- *Gestion des stocks*

C'est le Suivi en temps réel des niveaux de stock pour éviter les ruptures de stock et les commandes en retard. Elle gère les Notifications automatiques de réapprovisionnement lorsque les niveaux de stock atteignent un seuil critique.

- *Gestion des commandes et des expéditions*

Elle gère le Suivi des commandes en temps réel pour informer les clients de l'état de leur commande et s'intègre avec des services de transporteurs pour générer des étiquettes d'expédition et organiser la livraison.

- *Service clientèle*

Elle donne la possibilité aux clients de contacter le service clientèle via différents canaux (chat en direct, e-mail, téléphone) pour une gestion efficace des retours, des remboursements et des litiges.

- *Sécurité et conformité*

C'est la mise en œuvre de mesures de sécurité robustes pour protéger les données des clients, y compris les informations de paiement.

Conformité aux réglementations de protection des données telles que le RGPD.

Il est également important de déterminer les fonctionnalités non critiques qui pourraient être supprimées ou modifiées pour faciliter la migration.

Exemple des fonctionnalités non critique :

- *Recommandations de produits*

C'est l'affichage de produits recommandés en fonction des achats précédents, des préférences de navigation ou des tendances populaires.

➢ *Évaluations et commentaires*

C'est la possibilité pour les clients de laisser des évaluations et des commentaires sur les produits qu'ils ont achetés.

➢ *Liste de souhaits*

Cette fonctionnalité permet aux utilisateurs de créer des listes de souhaits pour enregistrer des produits et les acheter ultérieurement.

➢ *Comparaison de produits*

C'est la possibilité pour les utilisateurs de comparer les caractéristiques, les prix et les évaluations de plusieurs produits côte à côte.

➢ *Programme de fidélité*

La mise en place d'un programme de fidélité récompense les clients réguliers par des points, des remises ou des avantages spéciaux.

➢ *Coupons et codes promotionnels*

L'intégration de fonctionnalités permettant aux clients d'utiliser des coupons et des codes promotionnels lors du paiement.

➢ *Notifications et alertes*

L'envoi de notifications par e-mail ou par SMS pour informer les clients des promotions, des nouveaux produits ou des mises à jour de commande.

➢ *Intégrations avec les réseaux sociaux*

C'est le partage facile des produits sur les réseaux sociaux et l'intégration des commentaires et des évaluations des clients sur les plateformes sociales.

Nous identifions les dépendances de l'application. Cela inclut les autres applications ou services qui sont connectés à l'application en question. Il est essentiel de comprendre comment ces dépendances peuvent être intégrées lors de la migration vers le cloud et de prendre en compte les éventuelles incompatibilités ou difficultés techniques.

Exemple de dépendances :

➢ *Plateforme de commerce électronique*

Le cœur de l'application e-commerce, comprenant le système de gestion de contenu (CMS) ou la plateforme de commerce électronique utilisée pour gérer les catalogues de produits, les commandes, les paiements, etc. Exemples : Magento, Shopify, WooCommerce, PrestaShop, etc.

➢ *Services de paiement en ligne*

Les passerelles de paiement qui permettent aux clients d'effectuer des transactions en ligne de manière sécurisée. Exemples : Stripe, PayPal, Authorize.Net, Adyen, etc.

➢ *Gestion des stocks*

Les systèmes de gestion des stocks qui permettent de suivre et de gérer les niveaux de stock, les commandes et les expéditions. Exemples : SAP, Oracle Inventory, WMS (Warehouse Management Systems), etc.

➢ *Systèmes de gestion de la relation client (CRM)*

Les outils CRM qui permettent de gérer les informations sur les clients, les campagnes marketing, les interactions client, etc. Exemples : Salesforce, HubSpot, Zoho CRM, etc.

➢ *Services de livraison et d'expédition*

Les services de livraison et d'expédition qui permettent de gérer les processus d'expédition, de suivi des colis et de logistique. Exemples : UPS, FedEx, USPS, DHL, etc.

➢ *Outils d'analyse et de suivi*

Les outils d'analyse et de suivi qui permettent de surveiller les performances de l'application, le comportement des utilisateurs, les taux de conversion, etc. Exemples : Google Analytics, Adobe Analytics, Mixpanel, etc.

➢ *Sécurité et conformité*

Les services de sécurité et de conformité qui assurent la protection des données des clients et la conformité aux réglementations en matière de confidentialité et de sécurité. Exemples : services de chiffrement, pare-feu, audits de sécurité, etc.

L'évaluation de l'application existante est importante pour notre projet de migration vers le cloud. Elle aide à mieux comprendre l'application, ses fonctionnalités techniques, ses fonctions critiques et ses dépendances pour planifier une migration réussie vers le cloud.

14.3.2 Analyse des besoins et objectifs de l'application

Dans le cadre du projet d'étude d'une migration vers le cloud d'une application web d'e-commerce, il est essentiel de mener une analyse approfondie des besoins et des objectifs afin de garantir le succès de cette transition.

14.3.2.1 Analyse de la performance

Nous devrons commencer par comprendre les exigences de performance de l'application actuelle, telles que le temps de réponse, la vitesse de chargement des pages et la capacité à supporter un grand nombre d'utilisateurs simultanés.

Tout d'abord, le temps de réponse est un élément capital pour une application e-commerce. Il s'agit du temps qu'il faut à l'application pour traiter une requête et renvoyer une réponse à l'utilisateur. Dans le cadre d'une migration vers le cloud, il est important de s'assurer que le temps de réponse reste optimal, voire amélioré. Cela peut être réalisé en utilisant des serveurs hautement performants et en optimisant les requêtes de l'application.

Ensuite, la vitesse de chargement des pages est également un aspect à ne pas négliger. Les utilisateurs sont de plus en plus exigeants en matière de rapidité lorsqu'ils naviguent sur un site e-commerce. Ainsi, lors de la migration vers le cloud, il est primordial de prendre en compte cet élément et de s'assurer que les pages se chargent rapidement. Cela peut être réalisé en utilisant des outils de mise en cache et des techniques de compression des données.

Enfin, la capacité de supporter un grand nombre d'utilisateurs simultanés est un enjeu majeur pour une application e-commerce. Le cloud offre une élasticité qui permet d'augmenter facilement les ressources disponibles en cas de pic de trafic. Il est donc important de bien anticiper les besoins en capacité et de mettre en place une architecture capable de s'adapter à une demande importante.

Pour améliorer la performance , AWS propose des services de mise en cache tels que Amazon CloudFront, qui permettent de stocker les contenus statiques du site (images, vidéos, fichiers CSS...) sur des serveurs répartis dans le monde entier. Ainsi, les utilisateurs ont accès à ces contenus depuis un emplacement géographique plus proche, ce qui réduit les temps de réponse et améliore la vitesse de chargement des pages.

Ensuite, AWS offre des outils de mise à l'échelle automatique tels que Amazon EC2 Auto Scaling et Amazon Elastic Load Balancing pour gérer la charge de trafic sur le site. Ces outils permettent d'ajuster automatiquement les ressources en fonction du nombre d'utilisateurs, assurant une expérience fluide et rapide pour tous les utilisateurs, même en cas de pics de trafic.

Enfin, AWS propose également des outils de surveillance et d'optimisation des performances tels que Amazon CloudWatch et AWS X-Ray. Ces outils permettent de surveiller en temps réel les performances du site et d'identifier les éventuels goulots d'étranglement ou problèmes de latence. Ils offrent également des fonctionnalités d'analyse approfondie pour améliorer constamment les performances du site.

Avec ces outils de performance, AWS offre une solution complète pour garantir une expérience utilisateur optimale sur les applications e-commerce hébergées sur sa plateforme cloud. La migration vers AWS permet ainsi d'améliorer considérablement la vitesse de chargement des pages, le temps de réponse et la capacité à supporter un grand nombre d'utilisateurs simultanément, ce qui se traduit par une meilleure satisfaction des clients et une augmentation des ventes.

14.3.2.2La sécurité

Dans le cadre d'une migration d'une application e-commerce vers le cloud, la sécurité est l'une des principales exigences à prendre en compte. En effet, le cloud computing présente des avantages indéniables en termes de flexibilité et de coûts, mais il expose également les données et les applications à de nouveaux risques. Ainsi, il est essentiel de mettre en place des mesures de sécurité solides pour protéger les informations sensibles des utilisateurs et garantir la continuité des activités en cas d'incident.

Premièrement, il est primordial de définir une politique de sécurité claire et complète pour l'ensemble de l'infrastructure cloud. Cela implique notamment de déterminer les autorisations d'accès pour chaque utilisateur, de chiffrer les données sensibles et de mettre en place des contrôles d'authentification solides pour empêcher les accès non autorisés. Par exemple, l'utilisation d'une solution de gestion des identités et des accès (IAM) permet de gérer efficacement les droits d'accès des utilisateurs et de limiter les risques de piratage.

Deuxièmement, il est essentiel de choisir un fournisseur de services cloud fiable et sécurisé. Celui-ci doit garantir la confidentialité et l'intégrité des données, ainsi que la disponibilité de l'application en cas de panne. Pour cela, il est recommandé de se tourner vers des fournisseurs certifiés et d'exiger des garanties contractuelles en matière de sécurité. Par exemple, Amazon Web Services (AWS) propose des services cloud conformes à des normes de sécurité strictes telles que la norme ISO 27001.

Troisièmement, il est essentiel de mettre en place des mécanismes de surveillance et de détection des intrusions pour détecter et prévenir les attaques en temps réel. Cela peut inclure la mise en place de pare-feu, de systèmes de détection d'intrusion (IDS) et de prévention d'intrusion (IPS). Par exemple, AWS offre une intégration native avec des outils de sécurité tels que Amazon GuardDuty, Amazon Inspector, qui permettent de surveiller et de protéger en temps réel les ressources cloud.

Des tests de pénétration réguliers sont recommandés pour identifier les éventuelles vulnérabilités de l'application et du système. Ces tests permettent également de s'assurer que les mesures de sécurité mises en place sont efficaces et d'identifier les éventuelles améliorations à apporter. Par exemple, il est possible de réaliser des tests de pénétration avec des outils tels que Metasploit ou Nessus.

La sécurité est également un aspect important à prendre en compte dans cette migration. Les données sensibles des clients telles que les informations de paiement doivent être protégées de manière optimale. Une analyse des risques doit être effectuée afin de déterminer les mesures de sécurité à mettre en place dans le cloud pour garantir la confidentialité et l'intégrité des données.

14.3.2.3 L'évolutivité de l'application

La migration de l'application e-commerce vers le cloud AWS offre de nombreuses possibilités en termes d'évolutivité. Tout d'abord, le AWS permet de bénéficier d'une infrastructure hautement évolutive et flexible, ce qui signifie que l'application peut s'adapter à la demande fluctuante des utilisateurs sans rencontrer de problèmes de performance ou de disponibilité. Grâce à l'utilisation de services tels que Amazon EC2 (Elastic Compute Cloud) et Amazon S3 (Simple Storage Service), l'application peut facilement monter en charge en ajoutant de nouvelles instances ou en augmentant la capacité de stockage, selon les besoins. L'application peut également bénéficier d'une évolutivité horizontale. Cela signifie qu'elle peut être déployée sur plusieurs serveurs, ce qui permet de répartir la charge entre eux et de garantir une meilleure performance. En cas de pic de trafic, le système peut automatiquement ajouter de nouvelles instances pour répondre à la demande sans affecter la qualité de service pour les utilisateurs.

En ce qui concerne les mises à jour et les améliorations de l'application, le cloud AWS offre une grande flexibilité. Grâce à l'utilisation de conteneurs comme Docker et Kubernetes, il est possible de mettre à jour l'application de manière incrémentale, sans interruption de service. Cela permet de déployer rapidement de nouvelles fonctionnalités et de les tester en temps réel, sans risque pour l'expérience utilisateur.

Enfin, la migration vers AWS offre également une évolutivité en termes de géographie. Grâce à la disponibilité de plusieurs régions et zones de disponibilité, l'application peut être déployée dans différents endroits à travers le monde, ce qui permet de réduire les temps de latence et d'améliorer l'expérience utilisateur pour les utilisateurs dans différentes régions.
AWS offre une évolutivité à la fois en termes de performance, de capacité, de mise à jour et de déploiement géographique. Cela permet de garantir une expérience utilisateur de qualité et de s'adapter aux changements et à la croissance de l'entreprise.

En définissant clairement les besoins et les exigences de l'application, il est possible de définir des objectifs précis pour la migration vers le cloud. Ces objectifs peuvent inclure une amélioration des performances, une meilleure sécurité des données, une évolutivité accrue et une réduction des coûts opérationnels. En ayant une vision claire des objectifs à atteindre, il sera plus facile de choisir les meilleurs services AWS et de planifier efficacement la transition vers celle-ci.

14.3.3 Conception de l'architecture cible de la migration

Dans le cadre de notre projet d'étude visant à migrer notre application web d'e-commerce vers le cloud, il est nécessaire d'avoir une vision claire de l'architecture cible que nous souhaitons mettre en place. La migration vers le cloud offre de nombreuses opportunités en termes de performance, de sécurité et de flexibilité, et l'on devra les exploiter au maximum pour optimiser notre application.

Pour concevoir notre architecture cible, nous avons pris en compte différents éléments clés tels que la scalabilité, la disponibilité, la sécurité et le coût. Nous avons donc divisé notre architecture en différentes couches : une couche frontend pour l'interface utilisateur, une couche d'application pour le traitement des données et une couche de données pour le stockage des informations.

Pour améliorer la performance de notre application, nous avons choisi d'utiliser des services cloud tels que CDN (Content Delivery Network) pour la livraison de contenu statique et de mise en cache, ainsi que des instances de calcul hautement évolutives pour gérer le trafic fluctuant. Nous avons également opté pour une architecture de microservices, ce qui nous permettra de développer et de déployer de manière indépendante chaque fonctionnalité de notre application, garantissant ainsi une meilleure flexibilité et une réduction des temps de réponse.

En ce qui concerne la sécurité, nous avons décidé de mettre en place une architecture en plusieurs couches, avec un pare-feu applicatif web pour protéger notre application contre les attaques, ainsi qu'un réseau privé virtuel (VPN) pour assurer un accès sécurisé à nos ressources cloud. Nous avons également choisi des fournisseurs de cloud réputés pour leur conformité aux normes de sécurité et de confidentialité des données.

Pour assurer une migration réussie vers le cloud, nous avons pris soin de choisir les technologies et les services cloud les mieux adaptés à nos besoins. Nous avons opté pour une architecture basée sur des conteneurs, qui nous permettra de déployer notre application de manière efficace et cohérente, ainsi que pour des services de base de données gérés pour garantir une disponibilité et une redondance optimales.

14.3.4 Choix d'infrastructure et de services dans AWS

La migration d'une application e-commerce vers le cloud AWS nécessite une architecture cible bien pensée pour garantir une performance optimale, une haute disponibilité et une sécurité renforcée. Pour cela, nous avons choisi d'utiliser les services AWS suivants : EC2, RDS, S3, CloudFront, Elastic Load Balancing et Auto Scaling.

Tout d'abord, l'application sera hébergée sur des instances EC2 (Elastic Compute Cloud) pour assurer une flexibilité et une évolutivité en fonction de la demande. Ces instances seront réparties sur différentes zones de disponibilité pour garantir une haute disponibilité en cas de panne d'une zone. De plus, nous utiliserons l'outil d'Auto Scaling pour ajouter ou supprimer automatiquement des instances en fonction de la charge de l'application, assurant ainsi une utilisation efficace des ressources.

Pour la gestion de la base de données, nous avons choisi d'utiliser RDS (Relational Database Service) qui offre une haute disponibilité, une sauvegarde automatique et des mises à jour de sécurité régulières. Nous opterons pour une base de données MySQL pour sa compatibilité avec notre application et sa robustesse.

Pour le stockage des fichiers et des médias, nous utiliserons S3 (Simple Storage Service) qui offre une haute disponibilité, une durabilité et un coût abordable. Les fichiers statiques seront également distribués via CloudFront, un service de CDN (Content Delivery Network) pour une diffusion rapide à travers le monde.

L'architecture sera équilibrée avec Elastic Load Balancing, qui répartira la charge entre les différentes instances EC2, assurant ainsi une performance optimale même en cas de pics de trafic. De plus, nous utiliserons le service de mise en cache d'ELB pour réduire la latence et améliorer la vitesse de l'application.

Enfin, pour renforcer la sécurité de l'application, nous utiliserons les services de sécurité d'AWS tels que AWS WAF (Web Application Firewall) pour protéger contre les attaques web, AWS IAM (Identity and Access Management) pour gérer les accès et les autorisations, et AWS Shield pour la protection contre les attaques DDoS (Distributed Denial of Service).

En conclusion, l'architecture cible dans le cloud AWS pour notre application e-commerce assure une haute disponibilité, une performance optimale, une évolutivité et une sécurité renforcée grâce à l'utilisation des différents services AWS. Cette architecture garantit une expérience utilisateur fluide et sécurisée, tout en offrant une gestion efficace des ressources et des coûts.

14.3.5 Mise en place de la sécurité

Dans le cadre de la migration d'une application e-commerce vers le cloud AWS, l'architecture cible sera composée de plusieurs services et couches de sécurité pour garantir la confidentialité et l'intégrité des données. Tout d'abord, l'application sera hébergée dans une instance EC2, offrant une capacité de calcul et de stockage flexible et évolutive. Pour assurer la sécurité de l'instance, un groupe de sécurité sera configuré pour limiter l'accès aux ports et protocoles nécessaires à l'application. En outre, un équilibreur de charge Elastic Load Balancing sera utilisé pour répartir la charge entre plusieurs instances, garantissant ainsi une haute disponibilité de l'application.

Au niveau de la base de données, une instance RDS sera utilisée pour stocker les données sensibles des clients, telles que les informations de paiement. Cette instance sera configurée avec des sauvegardes automatiques et un chiffrement des données au repos, garantissant ainsi la confidentialité des données stockées. Un réseau privé virtuel (VPC) sera également mis en place pour isoler l'application et la base de données du reste du réseau AWS.

Pour protéger les données en transit, l'utilisation d'un certificat SSL sera obligatoire pour toutes les communications avec l'application. De plus, un service de gestion des clés AWS Key Management Service (KMS) sera utilisé pour gérer et stocker en toute sécurité les clés de chiffrement utilisées pour protéger les données sensibles.

En ce qui concerne l'authentification et l'autorisation des utilisateurs, l'application sera intégrée à AWS Identity and Access Management (IAM) pour gérer les accès et les permissions des différents utilisateurs et services. Des règles de sécurité seront également mises en place pour détecter et bloquer toute activité suspecte, grâce à l'utilisation de services tels que Amazon GuardDuty et Amazon Macie.

Enfin, pour garantir une protection continue, une surveillance en temps réel de l'infrastructure sera mise en place à l'aide de services tels que Amazon CloudWatch et AWS Config. Ces services permettront de détecter et de résoudre rapidement tout problème de sécurité potentiel.

En résumé, l'architecture cible dans le cloud AWS pour la migration d'une application e-commerce sera hautement sécurisée grâce à la mise en place de différentes mesures de protection telles que des groupes de sécurité, un chiffrement des données, une gestion des clés et une surveillance en temps réel. Ces mesures garantiront la confidentialité et l'intégrité des données, offrant ainsi un environnement sécurisé pour les utilisateurs de l'application.

14.3.6 Gestion des performances et de la scalabilité

Dans le cadre de la migration d'une application e-commerce vers le cloud AWS, l'architecture cible sera conçue de manière à garantir des performances optimales et une scalabilité efficace. Tout d'abord, l'application sera hébergée sur des serveurs EC2 (Elastic Compute Cloud) qui permettent de provisionner facilement des ressources en fonction de la charge de travail. Ces serveurs seront répartis sur plusieurs zones de disponibilité afin d'assurer une haute disponibilité de l'application.

Pour gérer les performances, nous utiliserons des services tels que Amazon CloudFront pour la mise en cache des contenus statiques et Amazon ElastiCache pour la mise en cache des données en mémoire. Cela permettra d'accélérer le chargement des pages et d'améliorer l'expérience utilisateur.

En termes de scalabilité, l'application sera conçue en utilisant une architecture à microservices. Cela signifie que chaque fonctionnalité de l'application sera décomposée en petits services indépendants et évolutifs. Ainsi, en cas de forte affluence, il sera possible de provisionner rapidement de nouveaux serveurs pour chaque service en utilisant des outils de déploiement automatisé tels que AWS Elastic Beanstalk ou AWS Auto Scaling.

La surveillance de l'application sera assurée par plusieurs outils tels que Amazon CloudWatch qui permet de suivre les métriques de performance et de déclencher des alertes en cas de dépassement de seuils prédéfinis. De plus, un système de journalisation centralisé sera mis en place en utilisant Amazon CloudWatch Logs pour collecter et analyser les logs de chaque service et détecter d'éventuels problèmes.

En cas de besoin, notre équipe pourra intervenir rapidement grâce à l'utilisation de services tels que AWS Lambda qui permettent d'exécuter du code en réponse à des événements spécifiques. Par exemple, en cas de forte augmentation de la charge, nous pouvons automatiser le provisionnement de nouvelles ressources pour répondre à la demande.

En conclusion, l'architecture cible pour la migration de l'application e-commerce vers le cloud AWS sera hautement performante et scalable, avec une surveillance continue et une adaptation en temps réel en cas de besoin. Cela permettra d'offrir une expérience utilisateur optimale tout en garantissant la disponibilité et la fiabilité de l'application.

14.3.7 Exemples de Graphe structurel

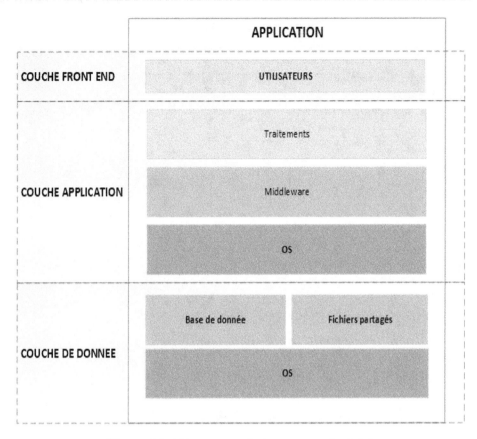

Figure 15 - Diagramme de la structure logiciel

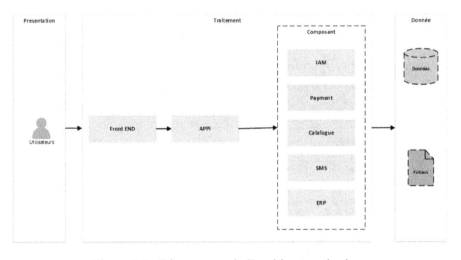

Figure 16 - Diagramme de l'architecture logique

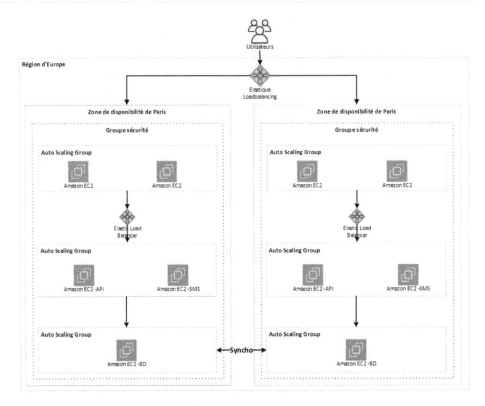

Figure 17- Diagramme de l'architecture physique

14.3.8 Planification de la migration

Dans le cadre de notre projet d'étude pour la migration vers le cloud d'une application web d'e-commerce, la planification de cette migration est une étape importante pour assurer une transition efficace et réussie. Cette planification nécessite une analyse approfondie de l'application existante, de ses fonctionnalités, de ses performances et de ses exigences en termes de ressources.

La première étape de notre plan de migration consistera à réaliser une étude de faisabilité pour évaluer si l'application peut être migrée vers le cloud sans rencontrer de problèmes majeurs. Cette étape nous permettra également de déterminer la meilleure plateforme cloud à utiliser en fonction de nos besoins et de nos contraintes.

Ensuite, nous procéderons à la mise en place d'un environnement de test dans le cloud pour effectuer des tests de performance et de compatibilité de l'application. Cela nous permettra de relever d'éventuels problèmes et de les résoudre avant la migration définitive.

Une fois que l'application est jugée prête pour la migration, nous élaborerons un plan détaillé incluant les différentes étapes de la migration, telles que la configuration du cloud, le transfert des données, la mise en place des serveurs et la configuration des réseaux. Ce plan devra également inclure les ressources nécessaires, telles que les compétences techniques et les équipements, ainsi qu'un calendrier précis pour chaque étape.

Cependant, dans tout projet de migration, il existe des risques potentiels tels que la perte de données, les temps d'arrêt prolongés ou la non-conformité aux normes de sécurité. Pour atténuer ces risques, nous mettrons en place des stratégies telles que des sauvegardes régulières des données, des plans de continuité d'activité et une vérification minutieuse de la sécurité du cloud choisi.

En conclusion, la planification de la migration vers le cloud pour notre application web d'e-commerce est une étape essentielle pour minimiser les risques et assurer une transition fluide. En suivant un plan détaillé et en identifiant les risques potentiels, nous serons en mesure de mener à bien cette migration et de bénéficier des avantages du cloud pour notre activité.

14.3.9 Test de l'architecture

Dans le cadre du projet d'étude d'une migration vers le cloud d'une application web d'e-commerce, il est essentiel de réaliser un test approfondi de l'architecture mise en place. Pour cela, il est recommandé de mettre en place des environnements de test pour valider l'architecture cible. Ces environnements doivent reproduire fidèlement les conditions réelles d'utilisation de l'application afin de détecter d'éventuelles failles ou erreurs.

Les tests à réaliser dans le cadre de ce projet doivent couvrir différents aspects tels que la performance, la sécurité , la compatibilité , la récupération après sinistre , l'intégration et la charge. Les tests de charge permettent de vérifier la capacité de l'architecture à gérer un grand nombre d'utilisateurs simultanément. Cela permet également d'identifier les éventuelles limites de l'infrastructure et de prévoir des solutions pour les résoudre. Ces tests sont conçus pour pousser votre application à ses limites afin de voir comment elle gère les charges de travail maximales. AWS Load Balancer ou Amazon CloudWatch peuvent être utilisés pour ces tests.

Les tests de sécurité sont également primordiaux pour s'assurer que l'architecture cible est sécurisée et protégée contre les cyberattaques. Ces tests doivent être menés en utilisant des techniques d'intrusion pour détecter les éventuelles vulnérabilités et les corriger avant la mise en production. Il est capital de tester la sécurité de votre application. On pourrait utiliser des outils comme AWS Inspector pour automatiser les évaluations de sécurité et déceler les vulnérabilités potentielles.

Les tests de performance sont nécessaires pour s'assurer que l'application répond aux exigences de rapidité et de fluidité des utilisateurs. Ces tests doivent être réalisés en simulant des conditions réelles d'utilisation et en mesurant les temps de réponse et la stabilité du système. Ces tests sont conçus pour évaluer la vitesse, la réactivité et la stabilité de l'application sous une charge de travail. On pourrait utiliser des outils comme AWS Load Balancer pour simuler le trafic et observer comment votre application réagit.

Les Tests de compatibilité permettent de de vérifier si votre application fonctionne correctement dans différents environnements, systèmes d'exploitation et appareils. AWS Device Farm peut être utilisé pour tester votre application sur une grande variété de scénarios et de configurations.

Les Tests de récupération après sinistre , En effet, il est capital de tester votre plan de récupération après sinistre pour vous assurer que vous pouvez récupérer rapidement en cas de défaillance. AWS propose plusieurs outils et services pour aider à la récupération après sinistre, comme AWS Backup.

Les Tests d'intégration quant à eux permettent de vérifier que les différents services et composants de votre application interagissent correctement entre eux. Vous pouvez utiliser AWS Step Functions pour orchestrer des workflows complexes qui incluent plusieurs services AWS.

Ainsi, en effectuant ces différents tests de l'architecture, il est possible de valider la migration vers le cloud de l'application d'e-commerce et de s'assurer que celle-ci répond aux exigences de performance, de sécurité et de charge. Cela permettra de garantir une expérience utilisateur optimale et de minimiser les risques de dysfonctionnement lors de la mise en production.

14.3.10 Bonnes pratiques pour migration des données

La migration vers le AWS d'une application web d'e-commerce est un projet d'étude complexe qui nécessite une planification minutieuse. Parmi les différents aspects à prendre en compte, la migration des données est l'un des plus critiques. Les données d'une entreprise sont précieuses et doivent être transférées de manière sécurisée et sans altération vers AWS. Pour cela, il est essentiel de définir une stratégie de migration en plusieurs étapes, en commençant par une analyse approfondie des données existantes.

La première étape de la migration des données consiste à identifier les sources de données et à les classer en fonction de leur criticité et de leur sensibilité. Il est également important de déterminer les dépendances entre les différentes données pour éviter tout problème de compatibilité lors du transfert. Une fois cette étape réalisée, il est temps de choisir la méthode de migration la plus adaptée en fonction des besoins de l'entreprise.

La sécurité des données est un aspect essentiel à prendre en compte lors de la migration vers le cloud. Il est impératif de s'assurer que toutes les données sont chiffrées avant d'être transférées et de mettre en place des mesures de sécurité robustes pour protéger les données une fois qu'elles sont stockées dans AWS. Il est également recommandé de réaliser des sauvegardes régulières des données pour prévenir toute perte ou altération accidentelle.

L'intégrité des données tout au long du processus de migration doit être garantie. Pour cela, il est recommandé de réaliser des tests et des vérifications pour s'assurer que toutes les données ont été transférées correctement et qu'aucune donnée n'a été perdue ou altérée. Une fois la migration terminée, l'on procède à une validation finale pour s'assurer que l'application web d'e-commerce fonctionne correctement avec les données dans le cloud.

La migration vers AWS d'une application web d'e-commerce est une tâche délicate qui nécessite une planification rigoureuse et une exécution sécurisée. En suivant une approche méthodique et en accordant une attention particulière à la sécurité et à l'intégrité des données, cette migration peut être réalisée avec succès, contribuant ainsi à améliorer les performances et la flexibilité de l'entreprise.

14.3.11 Déploiement et validation

Dans le cadre de la migration vers AWS d'une application web d'e-commerce, l'étape du déploiement et de la validation est importante. Une fois que l'application a été conçue et développée, il est temps de la déployer dans l'environnement de production. Cela implique de transférer l'application et toutes ses données vers le cloud, en veillant à ce que toutes les configurations et les dépendances soient correctement mises en place.

Une fois que l'application est déployée, il est essentiel de procéder à des tests post-déploiement pour s'assurer de son bon fonctionnement. Cela peut inclure des tests de performance pour vérifier si l'application peut gérer une charge de trafic élevée, des tests de sécurité pour s'assurer que toutes les données sont protégées et des tests de fonctionnalité pour vérifier si toutes les fonctionnalités de l'application sont opérationnelles.

Il est également important de mettre en place des outils de suivi et de surveillance pour détecter d'éventuels problèmes et garantir une disponibilité continue de l'application. En cas de dysfonctionnement, on doit avoir des procédures en place pour corriger rapidement les problèmes et minimiser les perturbations pour les utilisateurs.

Le déploiement et la validation sont des étapes qui permettent de s'assurer que l'application fonctionne correctement dans son nouvel environnement et garantit une expérience utilisateur optimale. Il est donc important de consacrer du temps et des ressources adéquates pour mener à bien ces étapes avec succès.

14.3.12 Formation et support

Dans le cadre de notre projet d'étude visant à migrer une application web d'e-commerce vers le cloud, il est indispensable de prévoir une formation pour nos équipes. Cette migration implique un changement important dans notre architecture et nos processus. L'ensemble de nos collaborateurs doit être formé pour comprendre et maîtriser ces nouveaux outils. Cette formation devra être adaptée en fonction des différents métiers et profils de nos équipes, afin de garantir une prise en main efficace et rapide.

Pour cela, nous mettrons en place des sessions de formation animées par des experts en cloud computing. Ces formations pourront prendre différentes formes : ateliers pratiques, démonstrations, présentations, etc. Elles permettront à nos équipes d'acquérir les compétences nécessaires pour utiliser les nouvelles technologies et outils liés à notre application web d'e-commerce dans le cloud. Nous veillerons également à ce que ces formations soient régulièrement mises à jour, afin de suivre l'évolution des technologies et de maintenir un niveau de compétences optimal au sein de nos équipes.

En parallèle, nous mettrons en place un support dédié pour résoudre les éventuels problèmes post-migration. Ce support sera disponible pour l'ensemble de nos collaborateurs et pourra être sollicité en cas de difficultés rencontrées lors de l'utilisation de l'application dans le cloud. Nous veillerons à ce que ce support soit réactif et efficace, afin de minimiser les perturbations dans nos activités et de garantir une transition en douceur.

En formant nos équipes sur la nouvelle architecture et les processus liés à la migration vers le cloud, et en mettant en place un support adapté, nous nous assurons de la réussite de ce projet d'étude. Nos collaborateurs seront en mesure de maîtriser les nouvelles technologies et de tirer pleinement profit de cette migration, ce qui contribuera à améliorer nos performances et à renforcer notre compétitivité sur le marché de l'e-commerce.

14.3.13 Optimisation continue

Dans le cadre du projet d'étude d'une migration vers le cloud d'une application web d'e-commerce, Nous devrons mettre en place une optimisation continue afin d'assurer le bon fonctionnement de l'application et de garantir une expérience utilisateur optimale. Cette optimisation passe avant tout par une surveillance régulière des performances de l'application. En migrant vers le cloud, l'infrastructure et la configuration de l'application peuvent être différentes, ce qui peut avoir un impact sur ses performances. Il est donc nécessaire de surveiller de près les temps de chargement, le taux de disponibilité et d'autres indicateurs clés pour s'assurer que l'application répond aux attentes des utilisateurs.

En parallèle, il est également important d'effectuer des ajustements si nécessaire. Avec la possibilité d'adapter rapidement les ressources du cloud en fonction des besoins, il est possible d'optimiser en temps réel les performances de l'application. Par exemple, en cas de pic de trafic, il est possible d'allouer davantage de ressources pour éviter toute surcharge et maintenir des temps de réponse rapides. De même, en cas de baisse d'activité, il est possible de réduire les ressources pour optimiser les coûts.

L'optimisation continue implique également de collecter les retours d'expérience afin d'améliorer les migrations futures. En surveillant les performances de l'application et en effectuant des ajustements, il est possible de recueillir des données précieuses sur les performances de l'application dans le cloud. Ces données peuvent être utilisées pour améliorer les futures migrations, en identifiant les meilleures pratiques à suivre et en évitant les erreurs communes.

L'optimisation continue est importante pour améliorer la future migration. Chaque étape devrait être détaillée en sous-étapes spécifiques en fonction des besoins et des défis rencontrés lors de la migration de l'application web d'e-commerce.

14.3.14 Conclusion

La migration vers AWS peut transformer l'infrastructure informatique d'une entreprise, mais elle nécessite une planification minutieuse et une exécution stratégique. En tirant parti des services et des outils de migration AWS, et en suivant les meilleures pratiques établies, les entreprises peuvent réaliser une migration fluide et efficace vers le cloud. Cela non seulement réduit les coûts d'exploitation, mais ouvre également de nouvelles avenues pour l'innovation et la croissance grâce à la puissance et à la flexibilité du cloud AWS.

CHAPITRE XV

MIGRATION VERS AZURE

Objectif

Ce chapitre fournit aux lecteurs les connaissances et les compétences nécessaires pour réussir la migration de leurs applications vers le cloud de Microsoft. En se concentrant spécifiquement sur la plateforme Azure, ce chapitre est un guide complet pour les architectes solution SI qui souhaitent déplacer leurs applications vers le cloud en utilisant les services et les outils proposés par Azure. Des conseils pratiques, des meilleures pratiques et une étude de cas concret sera présenté pour aider les lecteurs à comprendre les enjeux et les étapes clés de la migration vers Azure.

15 MIGRATION VERS AZURE

La migration vers Microsoft Azure représente une étape importante pour les entreprises qui souhaitent bénéficier de la flexibilité, de l'évolutivité et des économies proposées par le cloud. Azure offre une suite étendue de services et d'outils conçus pour faciliter le processus de migration, de l'évaluation initiale à l'optimisation post-migration. Voici un aperçu des services Azure clés pour la migration, des outils et services de migration, ainsi que des études de cas et meilleures pratiques pour une migration réussie vers Azure.

15.1 SERVICES AZURE CLES POUR LA MIGRATION

Azure Virtual Machine est un service proposé par Microsoft dans le cadre de sa plateforme de cloud computing Azure. Il permet de créer et de gérer des machines virtuelles dans le cloud, avec un large choix de systèmes d'exploitation et de configurations adaptées à différents besoins. Grâce à ce service, il est possible de déployer rapidement des environnements de développement, de test ou de production, sans avoir à investir dans du matériel coûteux. De plus, Azure Virtual Machine offre une grande flexibilité en permettant de redimensionner facilement les machines en fonction des besoins fluctuants de l'entreprise. Il est également possible de lier des machines virtuelles à d'autres services Azure pour créer des solutions complètes et intégrées. En somme, Azure Virtual Machine est une solution pratique et économique pour héberger des applications dans le cloud, en offrant une haute disponibilité, une sécurité renforcée et une gestion simplifiée.

Azure App Service est un service de cloud computing proposé par Microsoft. Il permet aux développeurs de déployer, gérer et faire évoluer facilement leurs applications web et mobiles. Grâce à son infrastructure hautement évolutive et sécurisée, Azure App Service offre une haute disponibilité et des performances optimales pour les applications en ligne. Il prend en charge plusieurs langages de programmation tels que .NET, Java, Python et Node.js, ainsi que les bases de données telles que SQL Server, MySQL et MongoDB. De plus, Azure App Service offre des outils de développement intégrés, une intégration continue et une gestion simplifiée des certificats SSL. Avec sa tarification flexible et son intégration avec d'autres services Azure, Azure App Service est un choix idéal pour les entreprises souhaitant déployer rapidement et facilement des applications dans le cloud.

Azure SQL Database est un service de base de données cloud de Microsoft qui offre une solution de gestion de base de données SQL entièrement gérée. Il est conçu pour être hautement évolutif, sécurisé et fiable, et convient aux entreprises de toutes tailles. Avec Azure SQL Database, les utilisateurs peuvent stocker et gérer leurs données en toute sécurité dans le cloud, sans avoir à se soucier de la maintenance et de la gestion des serveurs. Il prend en charge les fonctionnalités de base de données SQL telles que le langage SQL, les procédures stockées, les index et les vues, ainsi que des fonctionnalités avancées telles que la haute disponibilité, la sauvegarde automatique et la récupération en cas de sinistre. Grâce à sa flexibilité et à sa capacité à s'adapter aux besoins de l'entreprise, Azure SQL Database est devenu un choix populaire pour les entreprises qui cherchent à moderniser leur infrastructure de base de données.

Azure Storage est un service de stockage cloud proposé par Microsoft dans le cadre de sa plateforme cloud Azure. Il permet de stocker de grandes quantités de données de manière sécurisée et scalable, avec une disponibilité élevée et une performance optimale. Avec Azure Storage, les données peuvent être stockées sous forme de fichiers, de blobs, de tables ou de queues, offrant ainsi une grande flexibilité pour répondre aux différents besoins des utilisateurs. De plus, il est possible de gérer et d'accéder aux données stockées à partir de n'importe où dans le monde grâce à une interface web intuitive ou à une API. Azure Storage offre également des fonctionnalités de sauvegarde et de récupération des données, ainsi que des options de tarification flexibles pour s'adapter aux besoins et au budget de chaque entreprise. En résumé, Azure Storage est un outil essentiel pour le stockage et la gestion des données dans le cloud, offrant une solution fiable et évolutive pour les entreprises de toutes tailles.

Azure Active Directory (AAD) est un service cloud de gestion des identités et des accès proposés par Microsoft. Il offre une plate-forme centralisée pour gérer et sécuriser les identités et les ressources des utilisateurs ainsi que les accès aux applications cloud et locales. AAD permet également une authentification unique (SSO) pour faciliter la connexion des utilisateurs à plusieurs applications sans avoir à saisir des informations d'identification à chaque fois. Il offre également des fonctionnalités de gestion des appareils pour contrôler l'accès aux données et aux applications depuis différents appareils. Avec la croissance de l'utilisation des services cloud dans les entreprises, Azure Active Directory devient un outil essentiel pour garantir une sécurité solide et une gestion efficace des identités et des accès.

Azure VPN Gateway est un service proposé par Microsoft qui permet de créer une connexion sécurisée entre un réseau local et les ressources hébergées sur le cloud d'Azure. En utilisant ce service, les entreprises peuvent étendre leur réseau local vers le cloud de manière sécurisée et fiable, en utilisant les protocoles VPN standard. Cela permet aux utilisateurs d'accéder aux ressources cloud de manière transparente, comme s'ils étaient connectés au réseau local. La mise en place d'une Azure VPN Gateway est simple et rapide, et elle peut prendre en charge un grand nombre de connexions simultanées. De plus, elle offre une haute disponibilité et une redondance pour garantir la continuité des activités. Grâce à son intégration avec d'autres services Azure, comme Azure Active Directory, la gestion des accès et des identités est également simplifiée. En résumé, Azure VPN Gateway est un outil essentiel pour les entreprises qui souhaitent connecter leur réseau local au cloud de manière sécurisée et efficace.

Azure ExpressRoute est un service de connectivité offert par Microsoft pour améliorer la performance et la sécurité des connexions réseau entre les infrastructures locales et le cloud Azure. Il permet aux entreprises d'établir des connexions privées, dédiées et hautement fiables avec les services Azure, en contournant Internet public. Cela garantit une bande passante plus élevée, des latences réduites et une meilleure disponibilité pour les applications et les données hébergées dans le cloud. Azure
ExpressRoute offre également des options de connectivité flexibles pour répondre aux besoins spécifiques de chaque entreprise, telles que des connexions dédiées, des connexions virtuelles et des connexions locales. Grâce à son intégration avec le réseau existant de l'entreprise, Azure ExpressRoute permet aux entreprises de tirer pleinement parti des avantages du cloud sans compromettre la sécurité ou la performance de leurs données.

15.2 OUTILS ET SERVICES DE MIGRATION AZURE

Les outils et services de migration Azure offrent une solution complète pour faciliter la transition vers le cloud, en fournissant des fonctionnalités telles que l'évaluation de la migration, la migration des données, la réplication des machines virtuelles et la gestion des applications. Grâce à ces outils et services, les entreprises peuvent migrer leurs charges de travail vers le cloud en toute sécurité et efficacement, en minimisant les temps d'arrêt et les risques. Ils offrent également une prise en charge pour une variété de scénarios de migration, que ce soit à partir d'un autre cloud ou d'un environnement sur site. En utilisant les outils et services de migration Azure, les entreprises peuvent bénéficier d'une transition en douceur vers le cloud, ce qui leur permet de se concentrer sur leur activité principale et d'améliorer leur agilité et leur compétitivité. Voici quelques outils recommandés pour une migrations vers Azure

Azure Migrate est un outil proposé par Microsoft pour faciliter la migration de charges de travail vers le cloud Azure. Il permet aux entreprises de planifier, d'évaluer et de migrer leurs applications et données vers Azure de manière efficace et sécurisée. Grâce à Azure Migrate, les entreprises peuvent évaluer leur infrastructure existante et recevoir des recommandations pour une migration réussie, en fonction de leurs besoins et de leur budget. Cela inclut la capacité à évaluer les coûts, les performances et la compatibilité des applications avec Azure. En utilisant

Azure Migrate, les entreprises peuvent réduire les risques et les coûts associés à la migration vers le cloud, tout en bénéficiant des avantages tels que la flexibilité, l'évolutivité et la sécurité offerts par Azure. Cet outil est un atout précieux pour les entreprises qui souhaitent tirer le meilleur parti du cloud computing et moderniser leur infrastructure informatique.

Azure Database Migration Service (ADMS) est un service offert par Microsoft qui permet aux entreprises de migrer leurs bases de données existantes vers le cloud Azure. Il s'agit d'un outil puissant et fiable qui facilite la transition des données d'un environnement sur site vers le cloud, en minimisant les temps d'arrêt et en assurant la cohérence des données. ADMS prend en charge une variété de bases de données, y compris SQL Server, MySQL, Oracle et bien d'autres, et offre des fonctionnalités telles que la réplication continue des données et la compatibilité avec les applications existantes. Grâce à ADMS, les entreprises peuvent bénéficier d'une infrastructure cloud hautement évolutive, sécurisée et économique sans avoir à investir dans des ressources supplémentaires pour la migration. En résumé, Azure Database Migration Service est un outil essentiel pour les entreprises qui souhaitent tirer pleinement parti du potentiel du cloud et améliorer leur efficacité opérationnelle.

Azure Data Box est un service proposé par Microsoft dans le cadre de sa plateforme de cloud computing, Azure. Il s'agit d'un appareil de transfert de données physique, conçu pour faciliter le transfert de grandes quantités de données vers et depuis le cloud. Il peut être utilisé pour migrer des données vers le cloud, effectuer des sauvegardes ou des restaurations, ou encore pour analyser des données sur site avant de les transférer vers le cloud pour un traitement ultérieur. En utilisant Azure Data Box, les entreprises peuvent transférer rapidement et en toute sécurité des volumes de données importants, sans avoir à s'appuyer sur une connexion Internet à haut débit. Cela en fait une solution idéale pour les entreprises qui ont besoin de déplacer des données sensibles et volumineuses de manière efficace et sécurisée. Azure Data Box est également conçu pour être facile à utiliser, avec une interface utilisateur intuitive et des instructions étape par étape pour aider les utilisateurs à planifier et à exécuter leurs transferts de données en toute simplicité.

Azure App Service Migration Assistant est un outil fourni par Microsoft pour faciliter la migration d'applications web vers le cloud Azure. Cet assistant permet aux développeurs de détecter et de résoudre automatiquement les problèmes de compatibilité lors de la migration de leur application. Il offre également des options pour la mise à niveau des applications vers des versions plus récentes de .NET Framework et de PHP. Grâce à cet assistant, les développeurs peuvent éviter les erreurs et les interruptions de service lors de la migration de leurs applications. Il est facile à utiliser et fournit des rapports détaillés sur les problèmes détectés et les actions recommandées pour les résoudre. En utilisant Azure App Service Migration Assistant, les développeurs peuvent migrer leurs applications plus rapidement et plus facilement vers le cloud Azure, tout en assurant une expérience utilisateur sans faille.

15.3 CAS D'ETUDE : MIGRATION D'UNE APPLICATION MOBILE A FORTE CHARGE

15.3.1 Le rôle de l'architecture solution si dans le cadre de cette migration

Dans le cadre du projet d'étude d'une migration vers Azure d'une application mobile à forte charge, l'architecte Solution SI doit suivre un processus rigoureux afin de garantir le succès de la migration tout en minimisant les risques potentiels. Tout d'abord, il devrait effectuer une analyse approfondie de l'application actuelle afin de comprendre son architecture, ses fonctionnalités et ses contraintes. Ensuite, il doit définir les objectifs et les critères de réussite de la migration, en prenant en compte les besoins des utilisateurs, les exigences techniques et les délais impartis.
Une fois ces étapes préliminaires effectuées, l'architecte doit identifier les différentes solutions de migration possibles, en évaluant leurs avantages et leurs inconvénients. Il devrait également réaliser une étude de l'infrastructure existante afin de déterminer les éventuelles améliorations ou modifications à apporter pour garantir la performance et la scalabilité de l'application après la migration.

En parallèle, l'architecte doit élaborer un plan détaillé pour la migration, en identifiant les différentes étapes et les ressources nécessaires pour chacune d'entre elles. Il devrait également établir un calendrier précis pour le déploiement de la nouvelle version de l'application.

Une fois le plan de migration validé, l'architecte doit procéder à la mise en place de l'infrastructure nécessaire, en s'assurant de sa compatibilité avec la nouvelle version de l'application. Il devrait également effectuer des tests de performance et de sécurité pour s'assurer du bon fonctionnement de l'application avant sa mise en production.

L'architecte doit superviser le déploiement de la nouvelle version de l'application, en assurant une coordination efficace entre les différentes équipes impliquées. Il devrait également mettre en place des mécanismes de suivi et de surveillance pour détecter d'éventuels problèmes et les résoudre rapidement.
La migration d'une application mobile à forte charge nécessite une approche méthodique et rigoureuse de la part de l'architecte Solution SI. Celui-ci doit mener une analyse approfondie, définir des objectifs clairs, évaluer les solutions de migration, élaborer un plan précis, mettre en place l'infrastructure et superviser le déploiement, tout en s'assurant de la performance et de la sécurité de l'application.

Nous découvrirons comment une entreprise a réussi à migrer une application mobile à forte charge vers le Cloud, en améliorant la réactivité de l'application, en réduisant les temps de réponse, en offrant une expérience utilisateur améliorée et en gérant efficacement la montée en charge.

15.3.2 Évaluation de l'application mobile existante à forte charge

Dans le cadre de notre projet d'étude pour migrer notre application web d'e-commerce vers le cloud, une étape importante est l'évaluation de l'application mobile existante à forte charge. Notre application est actuellement sollicitée par un grand nombre d'utilisateurs, ce qui peut entraîner des problèmes de performance et de stabilité. Ainsi, il est essentiel d'analyser en détail l'architecture actuelle de notre application afin d'identifier les éventuels goulets d'étranglement.

Pour ce faire, nous allons étudier en profondeur les différents composants de notre application, tels que les serveurs, les bases de données, les services de stockage, etc. Nous chercherons à comprendre comment ces éléments interagissent entre eux et comment ils supportent la charge actuelle de l'application. Nous serons également attentifs aux éventuels points faibles qui pourraient causer des ralentissements ou des pannes.

Une fois l'architecture de l'application bien comprise, nous procéderons à une évaluation minutieuse des performances actuelles et des problèmes de montée en charge. Nous mesurerons notamment le temps de réponse de l'application, le taux d'erreurs, la disponibilité des services, etc. Nous serons également attentifs aux éventuels problèmes de scalabilité, c'est-à-dire la capacité de notre application à gérer une charge plus importante.

Cette évaluation nous permettra d'obtenir une vision claire de l'état actuel de notre application mobile à forte charge. Elle nous aidera également à identifier les points à améliorer avant d'entamer la migration vers Azure. En comprenant les limites de notre application actuelle, nous pourrons mieux préparer la transition vers une infrastructure plus évolutive et performante. Ainsi, en effectuant une évaluation rigoureuse de notre application mobile existante, nous serons en mesure de garantir une migration réussie vers Azure et de fournir une expérience utilisateur optimale à nos clients.

15.3.3 Analyse des besoins et objectifs

Dans le cadre de la migration vers Azure de application mobile, il est essentiel de réaliser une analyse approfondie des besoins et des objectifs. Tout d'abord, l'on doit comprendre les exigences de performance de l'application, c'est-à-dire sa capacité à traiter un grand nombre de requêtes en un temps donné. Cette exigence est d'autant plus importante dans le contexte d'une application mobile à forte charge, où les utilisateurs s'attendent à une réponse rapide et fluide.

Ensuite, il est également nécessaire de prendre en compte la disponibilité de l'application. Dans un environnement cloud, l'objectif est de proposer une application toujours accessible, quel que soit le nombre d'utilisateurs simultanés. Nous devrons définir une disponibilité minimale acceptable pour l'application, ainsi que les mesures à prendre en cas de pannes ou de surcharges.

La scalabilité est également un aspect important à prendre en considération. L'objectif de la migration vers le cloud est souvent de pouvoir faire face à une augmentation de la charge sans impacter les performances de l'application. Il est donc important de définir les objectifs en termes de scalabilité, en déterminant par exemple le nombre maximum d'utilisateurs simultanés que l'application doit pouvoir supporter sans perte de performance.

Il est essentiel de définir clairement les objectifs de la migration en termes de charge supportée et de temps de réponse. En analysant les données de l'application actuelle, il est possible de déterminer une charge moyenne ainsi qu'un temps de réponse acceptable pour les différentes fonctionnalités de l'application. Ces objectifs doivent être pris en compte dans la mise en place de l'infrastructure cloud et dans le choix des services à utiliser.

En comprenant les exigences de performance, de disponibilité et de scalabilité, et en définissant clairement les objectifs en termes de charge et de temps de réponse, il sera possible de mettre en place une infrastructure adaptée et de garantir une expérience utilisateur optimale.

15.3.4 Conception de l'architecture cible pour l'application mobile

Dans le cadre du projet d'étude d'une migration vers le cloud d'une application mobile à forte charge, la conception de l'architecture cible est une étape importante pour garantir le bon fonctionnement de l'application et répondre aux besoins des utilisateurs. Pour cela, il est essentiel de concevoir une architecture scalable, c'est-à-dire capable de s'adapter à une augmentation de la charge sans pour autant impacter les performances.

Pour atteindre cet objectif, il est nécessaire de bien comprendre les besoins de l'application, notamment en termes de nombre d'utilisateurs et de volume de données à traiter. Cela permettra de définir les ressources nécessaires et d'élaborer une architecture adaptée.

L'architecture cible doit également prendre en compte les différents composants de l'application, tels que les serveurs, les bases de données, les services de stockage, etc. Il est recommandé de les répartir de manière équilibrée et de mettre en place des mécanismes de répartition de charge pour éviter les surcharges.

La sélection des technologies adaptées est également un élément clé dans la conception de l'architecture cible. Nous devrons choisir des technologies performantes et évolutives, capables de gérer une charge élevée et de s'adapter à des besoins futurs.

Parmi les technologies couramment utilisées pour les applications mobiles à forte charge, on peut citer les serveurs d'applications tels que Node.js ou Java EE, les bases de données NoSQL comme MongoDB ou Cassandra, et les services de stockage cloud comme Azure Storage.

Nous devons tester et de monitorer régulièrement l'architecture cible afin de détecter d'éventuels problèmes de performances et d'y remédier rapidement. Une bonne conception de l'architecture cible pour une application mobile à forte charge permettra d'offrir une expérience utilisateur optimale et de garantir la réussite du projet de migration vers le cloud.

15.3.5 Planification de la migration

Dans le cadre du projet d'étude d'une migration vers le cloud d'une application mobile à forte charge, la planification est une étape essentielle pour assurer le succès de cette transition. Pour cela, il est important d'établir un plan détaillé incluant les différentes étapes, les ressources nécessaires ainsi qu'un calendrier précis.

La première étape de la planification sera de réaliser une analyse approfondie de l'application mobile actuelle et de ses spécificités. Il faudra également évaluer les besoins en termes de ressources, qu'il s'agisse de matériel, de personnel ou de compétences spécifiques. Cette étape permettra de définir clairement les objectifs de la migration et de déterminer le budget nécessaire.

Ensuite, nous devrons choisir un fournisseur de cloud adapté aux besoins de l'application mobile. Il faudra également définir l'architecture cloud la plus adaptée en fonction de la charge de l'application. Une fois ces choix effectués, il sera possible de procéder à la mise en place de l'environnement cloud et de réaliser les éventuelles adaptations nécessaires au niveau de l'application mobile.

La migration à proprement parler pourra alors débuter, en suivant un planning précis qui aura été défini en amont. Cette étape devra être réalisée avec minutie pour éviter toute interruption de service ou perte de données. Il sera également important de communiquer avec les utilisateurs et de les informer des modifications à venir.

En parallèle, il sera nécessaire de prévoir des tests de performance afin de vérifier que l'application mobile fonctionne correctement dans son nouvel environnement. Des ajustements pourront alors être réalisés si nécessaire.

Il faudra prévoir une phase de monitoring et de maintenance continue pour s'assurer que l'application mobile fonctionne de manière optimale dans le cloud. Il sera également important de former le personnel en charge de la gestion du cloud afin qu'il puisse intervenir rapidement en cas de problème.

En ce qui concerne les risques potentiels liés à la migration, on doit les identifier en amont et de mettre en place des stratégies d'atténuation. Parmi ces risques, on peut citer une interruption de service, une perte de données ou encore des problèmes de compatibilité avec le cloud choisi. Pour y faire face, il sera nécessaire de prévoir des solutions de sauvegarde, des tests rigoureux et une communication efficace avec les utilisateurs.

En conclusion, la planification de la migration vers le cloud d'une application mobile à forte charge est une étape importante qui nécessite une organisation minutieuse et une prise en compte des risques potentiels. En suivant un plan détaillé et en anticipant les éventuels problèmes, il sera possible de mener à bien cette transition avec succès.

15.3.6 Tests de performance et de charge

Dans le cadre du projet d'étude d'une migration vers le cloud d'une application mobile à forte charge, des tests de performance et de charge doivent être mener afin d'évaluer la capacité de l'application à supporter des charges élevées. Le cloud offre une flexibilité et une évolutivité qui peuvent être très bénéfiques pour une application mobile à forte demande. Cependant, il est important de s'assurer que l'infrastructure en place sera capable de répondre à cette demande sans compromettre les performances de l'application.

Pour cela, il est nécessaire de mettre en place des tests de performance qui permettront de mesurer la vitesse et la réactivité de l'application dans des conditions idéales. Ces tests peuvent être réalisés en utilisant des outils spécialisés qui simulent des utilisateurs réels et mesurent les temps de réponse et la capacité de l'application à gérer plusieurs requêtes simultanément. Les résultats de ces tests permettront de détecter d'éventuels goulots d'étranglement et de les corriger avant la mise en production dans le cloud.

Par la suite, il est également important d'effectuer des tests de charge pour simuler des scénarios de trafic intense. Ces tests reproduisent des conditions réelles d'utilisation et permettent de mesurer la capacité de l'application à gérer des pics de trafic. Cela peut être particulièrement utile pour une application mobile à forte charge, où le nombre d'utilisateurs peut varier considérablement en fonction des événements ou des périodes de l'année. Les résultats de ces tests aideront à ajuster l'infrastructure cloud en conséquence, en augmentant les ressources disponibles si nécessaire.

146

Les tests de performance et de charge permettent d'une manière générale de s'assurer que l'application sera en mesure de répondre aux exigences de performance et de fiabilité attendues par les utilisateurs, tout en exploitant pleinement les avantages du cloud. Ces tests doivent être régulièrement répétés pour garantir que l'application reste performante et résiliente face à une évolution constante de la demande.

Dans le cadre de notre migration, nous utiliserons l'outil Azure Application Insights. Cet outil offre une surveillance en temps réel de l'application, permettant de suivre les performances et d'identifier les éventuels goulots d'étranglement. Il offre également des fonctionnalités avancées telles que la collecte de données de télémétrie, la visualisation des données sous forme de graphiques et la génération de rapports détaillés. De plus, il permet de simuler des charges et de mesurer la capacité de l'application à gérer un grand nombre d'utilisateurs simultanés. Grâce à cet outil, il est possible d'optimiser les performances de l'application avant la migration vers Azure, assurant ainsi une transition en douceur vers le cloud et offrant une expérience utilisateur optimale.

15.3.7 Migration des données et du code

Dans le cadre du projet d'étude d'une migration vers le cloud d'une application mobile à forte charge, une étape importante à prendre en compte est la migration des données et du code. Cette opération consiste à transférer l'ensemble des données et du code source de l'application actuelle vers un environnement de cloud computing. Pour cela, il est nécessaire de planifier et d'exécuter cette migration de manière efficace et sécurisée.

La première étape de cette migration consiste à identifier toutes les données et le code source de l'application à transférer. Cela inclut les données stockées dans des bases de données, les fichiers, ainsi que le code source de l'application. Une fois ces éléments identifiés, il est important de les organiser et de les classer en fonction de leur importance et de leur sensibilité. Puis en fonction des besoins et de la complexité de l'application, il faudrait choisir une meilleure méthode pour effectuer la migration.

Il existe différentes approches telles que la migration en une seule fois, la migration par étapes ou encore la migration hybride. Il est également important de prendre en compte la compatibilité des données avec le nouvel environnement de cloud et de prévoir des tests pour s'assurer que les données seront bien intégrées. La sécurité est également un aspect important lors de la migration des données et du code. Il est essentiel de mettre en place des mesures de sécurité pour protéger les données pendant leur transfert et une fois qu'elles sont stockées dans le cloud. Cela peut inclure l'utilisation de protocoles de chiffrement et de pare-feux pour empêcher toute tentative de piratage.

Il est essentiel de s'assurer de la compatibilité et de la cohérence des données une fois qu'elles sont migrées vers le cloud. Il est recommandé de réaliser des tests pour vérifier que l'application fonctionne correctement avec les données et le code source transférés. En cas de problèmes, nous devrons être capable de revenir en arrière et de réessayer la migration avec des ajustements si nécessaire.

Pour une migration réussie, nous utiliserons l'outil Azure Database Migration Service (DMS) pour la migration des données et l'outil Azure DevOps pour la migration du code. L'outil Azure DMS permet une migration sans interruption de service en réduisant les temps d'arrêt grâce à sa technologie de réplication en continu. Il prend en charge une grande variété de sources de données, y compris les bases de données SQL Server, MySQL, Oracle et PostgreSQL, ce qui en fait un choix idéal pour migrer des données provenant de différentes sources. Quant à l'outil Azure DevOps, il fournit une plateforme complète pour la gestion du cycle de vie des applications. Il permet une intégration et une livraison continues, ainsi qu'une gestion efficace des versions et des mises à jour du code. De plus, il offre des fonctionnalités de test et de débogage pour s'assurer que le code est prêt pour le déploiement dans Azure. En utilisant ces deux outils ensemble, les entreprises peuvent s'assurer que la migration de leur application mobile vers Azure se déroule de manière fluide, sûre et efficace. Cela garantit une expérience utilisateur sans interruption et une transition réussie vers une infrastructure cloud plus moderne et évolutive.

15.3.8 Déploiement et surveillance

Dans le cadre du projet d'étude d'une migration vers le cloud d'une application mobile à forte charge, la phase de déploiement et de surveillance est essentielle pour garantir le bon fonctionnement de l'application dans un environnement de production optimisé. Tout d'abord, le déploiement doit se faire dans un environnement de production adapté aux besoins de l'application et à la charge prévue

Cela peut inclure l'utilisation de serveurs dédiés, de conteneurs ou de services de Microsoft Azure. Une fois l'application déployée, il est nécessaire de mettre en place des outils de surveillance pour suivre les performances en temps réel. Cela permet de détecter rapidement d'éventuels problèmes et de les résoudre avant qu'ils n'affectent les utilisateurs. Ces outils peuvent inclure des tableaux de bord de performances, des alertes en cas de dysfonctionnement et des journaux d'erreurs pour faciliter le débogage. En plus de surveiller les performances, il est également important d'anticiper les problèmes potentiels en utilisant des techniques telles que la mise en place de tests de charge pour simuler des conditions réelles d'utilisation de l'application. Cela permet de déterminer les limites de l'application et d'ajuster les ressources en conséquence.

La surveillance doit être un processus continu, afin de pouvoir réagir rapidement en cas de pic de charge ou de tout autre problème. En utilisant des outils de surveillance avancés et en mettant en place des procédures de gestion des incidents, l'équipe en charge de la migration vers le cloud peut garantir un niveau de disponibilité élevé pour l'application et offrir une expérience utilisateur optimale.

Utilisation de l'outil Azure DevOps est fortement recommandé dans notre cas. Cet outil offre une plateforme complète pour gérer l'ensemble du cycle de vie de l'application, de la planification à la mise en production en passant par le développement et les tests. Il permet également de suivre les performances de l'application en temps réel, de détecter les problèmes et de les résoudre rapidement grâce à des fonctionnalités de surveillance et de journalisation avancées. De plus, Azure DevOps offre une intégration étroite avec les services Azure, ce qui facilite le déploiement de l'application sur le cloud et permet une gestion efficace des ressources. En utilisant cet outil, les équipes de développement et de gestion peuvent travailler de manière collaborative et efficace pour garantir une migration réussie et une surveillance continue de l'application sur Azure.

En conclusion, dans le cadre du projet d'étude d'une migration vers le cloud d'une application mobile à forte charge, le déploiement et la surveillance sont des étapes importantes pour garantir le bon fonctionnement de l'application dans un environnement de production optimisé et pour anticiper les problèmes potentiels. En mettant en place des outils de surveillance et en suivant une approche proactive, l'équipe peut assurer la réussite de la migration vers le cloud et offrir une expérience utilisateur de qualité.

15.3.9 Optimisation et ajustements

Dans le cadre du projet d'étude d'une migration vers Azure d'une application mobile à forte charge, il est essentiel de prendre en compte l'optimisation et les ajustements nécessaires pour garantir le bon fonctionnement de l'application. Nous devrons commencer par réaliser des tests de performance afin de comprendre les éventuels points faibles de l'application et de son architecture actuelle. Ces retours permettront de déterminer les zones à améliorer et à optimiser.Une fois ces tests effectués, il convient de procéder à une optimisation de l'architecture en fonction des résultats obtenus. Cela peut impliquer une répartition des tâches sur différents serveurs, une mise à niveau des ressources utilisées ou encore une refonte de certains éléments de l'application. L'objectif est d'optimiser l'utilisation des ressources disponibles et de garantir une meilleure répartition de la charge pour une meilleure performance globale.

Mais l'optimisation ne s'arrête pas là. Dans un environnement en constante évolution, il est nécessaire de continuer à apporter des ajustements pour améliorer la scalabilité, la réactivité et la disponibilité de l'application. Cela peut se traduire par des mises à jour régulières de l'architecture, des ajustements au niveau du code ou encore l'ajout de nouvelles fonctionnalités pour répondre aux besoins des utilisateurs. En prenant en compte ces éléments, il est possible d'améliorer significativement les performances de l'application et de garantir une expérience utilisateur optimale. Cette approche continue d'optimisation et d'ajustements est essentielle pour s'adapter aux évolutions constantes du marché et des technologies, et ainsi assurer le succès de l'application sur le long terme.

Chaque étape devrait être détaillée en sous-étapes spécifiques en fonction des besoins et des défis rencontrés lors de la migration de l'application mobile à forte charge. L'outil recommandé est Azure Application Insights. Cet outil de surveillance et de diagnostic permet de collecter des données en temps réel sur les performances de l'application, ainsi que sur l'utilisation des ressources et les erreurs éventuelles. Grâce à ces informations précises, les développeurs peuvent identifier les goulots d'étranglement et les zones à améliorer pour garantir une expérience utilisateur fluide et efficace. De plus, Azure Application Insights offre également des fonctionnalités d'analyse avancées telles que le suivi des utilisateurs et des sessions, ce qui permet de comprendre le comportement des utilisateurs et d'adapter l'application en conséquence. En utilisant cet outil, les entreprises peuvent optimiser leurs applications pour une performance optimale sur Azure et offrir une expérience utilisateur de haute qualité à leurs clients.

15.3.10 Conclusion

La migration d'une application mobile à forte charge vers Azure peut-être un processus complexe et exigeant, mais une fois réussie, elle peut apporter de nombreux avantages. Pour conclure ce projet, il est important de souligner les principaux points qui ont contribué à sa réussite. Tout d'abord, la planification minutieuse et la collaboration étroite entre les équipes techniques et les différents départements de l'entreprise ont été essentielles. Ensuite, l'utilisation des services cloud d'Azure a permis d'améliorer considérablement les performances et la disponibilité de l'application, tout en réduisant les coûts d'infrastructure. Enfin, cette migration vers Azure a également permis une plus grande flexibilité et évolutivité pour répondre aux besoins futurs de l'application. En résumé, cette migration réussie vers Azure a permis à l'application mobile de mieux répondre à la demande croissante des utilisateurs, tout en offrant une meilleure expérience utilisateur et une plus grande stabilité.

CHAPITRE XVI

OPERATIONS ET MAINTENANCE POST-MIGRATION

Objectif

Ce chapitre va guider à travers les différentes étapes de l'opération et de la maintenance post migration, en leur fournissant des conseils pratiques et des meilleures pratiques pour garantir une intégration réussie et une gestion optimale de leurs applications dans le cloud. Les lecteurs apprendront comment surveiller et gérer les performances, résoudre les problèmes éventuels, mettre à jour les applications et maintenir leur sécurité dans un environnement cloud.

16 OPERATIONS ET MAINTENANCE POST-MIGRATION

16.1 VALIDATION ET SUIVI POST-MIGRATION

Après avoir effectué la migration, il est essentiel de s'assurer que toutes les applications migrées fonctionnent correctement et de manière optimale dans leur nouvel environnement. Pour ce faire, plusieurs activités de validation et de suivi doivent être mises en place. Nous devrons commencer par réaliser des tests de validation approfondis sur les applications migrées afin de vérifier leur bon fonctionnement. Ces tests doivent être réalisés à la fois au niveau fonctionnel et au niveau technique pour détecter d'éventuels bugs ou dysfonctionnements. Des tests de performance doivent également être effectués pour s'assurer que les applications répondent aux exigences de performance attendues.

En parallèle, il est nécessaire de surveiller en continu les performances des applications migrées. Cela permet de détecter rapidement tout problème éventuel et de prendre les mesures nécessaires pour y remédier. Des outils de monitoring doivent être mis en place pour surveiller les différents aspects des applications, tels que la disponibilité, la rapidité d'exécution et la consommation de ressources. Si des problèmes sont identifiés, l'on procédera à des ajustements et des optimisations pour améliorer les performances des applications. Cela peut inclure des modifications au niveau de l'infrastructure, des ajustements de code ou encore des changements de configuration. Le suivi post-migration doit donc être un processus continu pour s'assurer que les applications fonctionnent de manière optimale.

Fournir un support continu aux utilisateurs des applications migrées reste un facteur essentiel, cela peut inclure une assistance pour résoudre d'éventuels problèmes rencontrés, des formations pour s'adapter aux nouvelles fonctionnalités ou encore des mises à jour régulières pour maintenir les applications à jour. Un support de qualité est important pour garantir la satisfaction des utilisateurs et assurer une adoption réussie des nouvelles applications.

16.2 SURVEILLANCE ET GESTION DES PERFORMANCES

La surveillance et la gestion des performances sont des éléments essentiels pour assurer le bon fonctionnement d'un système informatique. Par des outils tels que Azure Monitor ou Amazon CloudWatch, il est possible de surveiller en temps réel les indicateurs de performance critiques tels que l'utilisation du CPU, la mémoire, le stockage et le débit réseau. Cette surveillance en temps réel permet d'identifier rapidement les problèmes de performance et de prendre des mesures correctives avant qu'ils n'affectent les utilisateurs finaux. En plus de la surveillance en temps réel, la gestion des alertes est également un élément clé de la surveillance et de la gestion des performances. En configurant des alertes, il est possible d'être informé lorsque des seuils de performance sont atteints ou dépassés. Cela permet d'agir rapidement pour résoudre les problèmes de performance avant qu'ils ne deviennent critiques et affectent les utilisateurs finaux.

Enfin, l'analyse des logs est un autre aspect important de la surveillance et de la gestion des performances. En utilisant des services tels que AWS CloudTrail ou Azure Activity Log, il est possible de collecter, analyser et archiver les logs d'activité. Cela permet de comprendre les causes des problèmes de performance et de prendre des mesures pour les résoudre de manière efficace.

La surveillance en temps réel, la gestion des alertes et l'analyse des logs sont des éléments clés de la surveillance et de la gestion des performances. En les mettant en place, il est possible de maintenir un système informatique performant et de prévenir les problèmes avant qu'ils n'affectent les utilisateurs finaux.

16.3 AUTOMATISATION ET GESTION DES CONFIGURATIONS

La gestion de configuration dans le cloud est un processus qui vise à gérer et à contrôler les différents éléments et ressources présents dans un environnement cloud. Elle permet de gérer les changements et les évolutions des applications et des infrastructures hébergées dans le cloud de manière efficace et cohérente. Grâce à la gestion de configuration, les équipes informatiques peuvent suivre et mettre à jour les configurations des serveurs, des applications et des services dans le cloud, ce qui facilite la mise en place de nouvelles fonctionnalités, la détection et la résolution rapide des problèmes, ainsi que la sécurisation des données et des accès.

La mise en place d'une gestion de configuration dans le cloud présente de nombreux avantages pour les entreprises. Tout d'abord, cela permet une meilleure flexibilité et une optimisation des ressources. En effet, avec le cloud, les configurations peuvent être facilement modifiées et adaptées en fonction des besoins de l'entreprise, sans avoir à investir dans du matériel supplémentaire. De plus, elle offre une meilleure sécurité des données. Les fournisseurs de cloud proposent généralement des mesures de sécurité avancées pour protéger les données des entreprises, ce qui est souvent plus efficace que les systèmes de sécurité traditionnels en interne. Elle permet également une meilleure collaboration et une communication en temps réel entre les différents acteurs impliqués dans la gestion de configuration. Cela facilite la coordination des équipes et améliore l'efficacité globale du processus. Enfin, le cloud offre une grande évolutivité, ce qui est un avantage majeur pour les entreprises en croissance ou en période de pic d'activité. La gestion de configuration dans le cloud peut facilement s'adapter aux changements et aux besoins de l'entreprise, sans avoir à investir dans de nouveaux serveurs ou à effectuer des mises à niveau coûteuses.

16.3.1 Infrastructure as Code (IaC)

L'infrastructure as code, également appelée IaC, est une méthode de gestion de l'infrastructure informatique qui consiste à automatiser la création, la configuration et la gestion de l'ensemble des ressources nécessaires au fonctionnement d'une application ou d'un service. Plutôt que de configurer manuellement chaque élément de l'infrastructure, l'IaC utilise des scripts et des outils pour déployer et gérer ces ressources de manière cohérente et reproductible. Cela permet une gestion plus efficace de l'infrastructure, en réduisant les risques d'erreurs humaines et en facilitant la mise à l'échelle et la maintenance des systèmes. L'infrastructure as code favorise une approche plus agile et collaborative en permettant aux équipes de développement et d'opérations de travailler ensemble pour déployer rapidement et efficacement des environnements de test et de production.

AWS CloudFormation est un outil très pratique pour les développeurs et les administrateurs système qui souhaitent automatiser le déploiement de leurs infrastructures sur le cloud. Avec CloudFormation, il est possible de définir et de déployer des ressources AWS, telles que des instances EC2, des bases de données, des load balancers, des groupes de sécurité, etc. en utilisant simplement du code. Cela permet de créer des environnements reproductibles et cohérents, tout en réduisant le risque d'erreurs humaines lors du déploiement manuel des ressources. De plus, il offre la possibilité de gérer facilement les mises à jour et les modifications de l'infrastructure en mettant à jour simplement le code. Cela permet d'économiser du temps et des efforts, tout en garantissant une cohérence et une conformité constantes de l'infrastructure.

Azure Resource Manager (ARM) est un outil puissant et pratique proposé par Microsoft pour gérer et déployer des ressources cloud au sein de leur plateforme Azure. Il permet aux développeurs et aux administrateurs de définir et de déployer des ressources via du code, plutôt que de devoir le faire manuellement via l'interface graphique. Cela permet de gagner du temps et de garantir une cohérence dans les déploiements, tout en facilitant la gestion et la maintenance des ressources. ARM utilise des modèles de déploiement basés sur JSON, ce qui rend le processus de création et de gestion des ressources plus facile à comprendre et à suivre. De plus, ARM permet de déployer des ressources dans des environnements multiples, tels que la production, le développement et le test, en utilisant les mêmes modèles de déploiement. Cela permet une meilleure gestion des ressources et une plus grande flexibilité dans les déploiements

16.3.2 Automatisation des Déploiements

L'automatisation des déploiements dans le cloud est un processus qui vise à simplifier et à accélérer la mise en production des applications et des services sur des infrastructures cloud. Elle consiste à utiliser des outils et des scripts pour automatiser les différentes étapes du déploiement, telles que la création de machines virtuelles, l'installation des logiciels, la configuration du réseau, et la mise en place des règles de sécurité. Grâce à elle, les équipes de développement peuvent déployer plus rapidement et plus facilement leurs applications, sans avoir à effectuer manuellement chaque tâche. Cela leur permet de se concentrer sur la qualité du code et d'accélérer le cycle de développement. Elle offre également une plus grande flexibilité et évolutivité. Les environnements de développement, de test et de production peuvent être facilement configurés et répliqués, ce qui facilite la mise en place de processus de développement et de déploiement plus agiles. En réduisant les erreurs humaines et en améliorant l'efficacité, elle contribue également à réduire les coûts et à optimiser les ressources. Les entreprises peuvent ainsi tirer pleinement parti des avantages du cloud en termes de rapidité, de flexibilité et de coûts. L'automatisation des déploiements dans le cloud offre de nombreux avantages tels que des gains de temps, une plus grande fiabilité et cohérence, une flexibilité accrue et des économies de coûts pour les entreprises. Elle est devenue une pratique courante dans le monde de l'informatique et est essentielle pour rester compétitif sur le marché.

Amazon Web Services (AWS) propose une gamme complète d'outils qui permettent de mettre en place cette automatisation de manière simple et efficace. Tout d'abord, AWS CodeDeploy permet de déployer automatiquement du code sur des instances EC2 ou des serveurs sur site. Ensuite, AWS CodePipeline permet de créer des pipelines de déploiement continus en intégrant différents services AWS tels que CodeDeploy, CodeCommit et CodeBuild. Pour les déploiements dans un environnement multi-cloud, AWS CloudFormation permet de créer et de gérer des infrastructures complètes en code, tandis que AWS OpsWorks offre un service de gestion des configurations et des déploiements d'applications. Enfin, AWS Elastic Beanstalk permet de déployer et de gérer des applications web sans avoir à se soucier de l'infrastructure sous-jacente. Avec ces différents outils, les entreprises peuvent automatiser leurs déploiements dans le cloud et ainsi gagner en agilité, en fiabilité et en efficacité dans leur processus de développement.

Azure propose plusieurs outils pour automatiser les déploiements de ses ressources cloud. Le premier outil est Azure Resource Manager (ARM), qui permet de déployer et gérer des ressources Azure de manière cohérente et reproductible. ARM utilise des modèles de déploiement pour spécifier les ressources à déployer et les paramètres associés. Ces modèles sont des fichiers JSON qui peuvent être personnalisés en fonction des besoins de l'utilisateur. Ensuite, Azure DevOps est un outil complet de gestion du cycle de vie des applications qui prend en charge l'automatisation des déploiements. Il offre un pipeline de déploiement continu (CD) pour déployer automatiquement les applications vers Azure. L'utilisateur peut définir des étapes spécifiques, telles que la compilation, les tests, l'emballage et le déploiement, et les exécuter automatiquement lorsqu'un nouveau code est poussé vers le référentiel de code source. Un autre outil d'automatisation des déploiements est Azure Automation, qui permet de créer des runbooks pour automatiser des tâches récurrentes dans Azure. Les runbooks sont des scripts PowerShell ou Python qui peuvent être exécutés à la demande ou selon un calendrier prédéfini. Ils peuvent être utilisés pour déployer des ressources, effectuer des sauvegardes ou encore gérer des machines virtuelles.

Enfin, Azure Functions est un service de calcul sans serveur qui peut être utilisé pour automatiser des tâches en réponse à des événements spécifiques. Les fonctions peuvent être déclenchées par des événements Azure ou externes, tels que des modifications de base de données ou des messages dans une file d'attente. Elles peuvent également être utilisées pour automatiser des tâches de maintenance ou de gestion de ressources.

Azure offre une gamme d'outils pour automatiser les déploiements de manière efficace et fiable, en permettant aux utilisateurs de gagner du temps et d'améliorer leur productivité dans la gestion de leurs ressources cloud.

16.4 STRATEGIES DE BACKUP ET DE RECUPERATION D'URGENCE

16.4.1 Stratégies et Politiques de Backup

Une stratégie de backup est un plan d'action détaillé visant à protéger et à sauvegarder les données importantes d'une entreprise ou d'un individu. Pour la définir, il est essentiel de prendre en compte plusieurs éléments clés. Tout d'abord, il est nécessaire d'identifier les données critiques qui doivent être sauvegardées en priorité. Cela peut inclure des données financières, des informations clients, des documents contractuels, etc. Ensuite, il faut déterminer la fréquence des sauvegardes en fonction du volume de données et de leur criticité. Par exemple, les données les plus importantes peuvent être sauvegardées quotidiennement tandis que d'autres peuvent être sauvegardées hebdomadairement. Il est également important de choisir les supports de stockage adaptés, tels que des disques durs externes, des serveurs cloud ou des bandes magnétiques. Enfin, il est impératif de prévoir un plan de récupération en cas de perte de données, en définissant les étapes à suivre pour restaurer les données en toute sécurité. Une stratégie de backup bien définie permet d'assurer la continuité des activités et la protection des données en cas de sinistre ou de dysfonctionnement. Elle doit donc être régulièrement revue et mise à jour en fonction de l'évolution des besoins et des technologies de sauvegarde.

Une politique de backup peut être définie comme un ensemble de règles et de procédures visant à protéger les données et les informations importantes d'une organisation. Elle consiste à créer des copies de sauvegarde régulières des données afin de les préserver en cas de perte ou de dommages. La définition d'une politique de backup implique de déterminer les données à sauvegarder, la fréquence des sauvegardes, les méthodes de stockage et de protection des sauvegardes, ainsi que les responsabilités et les procédures en cas de restauration des données. Cette politique doit être adaptée aux besoins spécifiques de l'organisation, en fonction de la nature et de la sensibilité de ses données, pour assurer une sécurité et une disponibilité optimale des informations en cas d'incident ou de sinistre. Une bonne politique de backup est essentielle pour garantir la continuité des activités et la protection des données d'une entreprise.

Une politique de backup avec AWS est un ensemble de règles et de procédures pour sauvegarder les données stockées sur le cloud d'Amazon. Elle doit être définie en fonction des besoins spécifiques de l'entreprise en termes de sécurité et de récupération des données en cas de perte ou de corruption. Tout d'abord, il est important de déterminer les données à sauvegarder en fonction de leur criticité et de leur fréquence de mise à jour. Ensuite, il convient de choisir la méthode de sauvegarde la plus adaptée, telles que les snapshots EBS, les archives S3 ou les sauvegardes automatisées avec AWS Backup. Il est également essentiel de définir une fréquence de sauvegarde régulière et de conserver plusieurs copies des données sur différents emplacements pour une meilleure sécurité. Enfin, il est recommandé de tester régulièrement la politique de backup pour s'assurer qu'elle fonctionne correctement et de la mettre à jour en fonction de l'évolution des besoins de l'entreprise. Une bonne politique de backup avec AWS permet de garantir la disponibilité et l'intégrité des données en cas d'incident, offrant ainsi une tranquillité d'esprit et une meilleure continuité des activités pour l'entreprise.

Une politique de backup avec Azure peut être définie en fonction de deux aspects : la fréquence et la rétention des sauvegardes. Tout d'abord, il est important de déterminer à quelle fréquence les sauvegardes doivent être effectuées en fonction de la criticité des données. Certaines données peuvent nécessiter une sauvegarde quotidienne alors que d'autres peuvent être sauvegardées une fois par semaine. Ensuite, la rétention des sauvegardes doit être définie en fonction des besoins en termes de récupération. Il s'agit de déterminer pendant combien de temps les sauvegardes doivent être conservées avant d'être supprimées. Cette période peut varier en fonction de la sensibilité et de la valeur des données. L'utilisation d'outils tels que Azure Backup permet de facilement définir et gérer ces politiques de sauvegarde. Il est également important de tester régulièrement les sauvegardes afin de s'assurer qu'elles sont bien fonctionnelles et que les données peuvent être récupérées en cas de besoin. Enfin, il est recommandé de mettre en place une politique de rotation des sauvegardes en utilisant différentes régions Azure pour une meilleure protection contre les pannes ou les catastrophes.

16.4.2 Plan de Récupération d'Urgence (DR)

Un plan de récupération d'urgence est un document détaillé qui décrit les actions à entreprendre en cas de situation d'urgence afin de minimiser les pertes et de rétablir rapidement les activités normales d'une organisation. Il s'agit d'une stratégie préventive qui vise à assurer la sécurité et la continuité des opérations en cas de crise ou de catastrophe naturelle. Pour définir un plan de récupération d'urgence efficace, il est essentiel de mener une évaluation des risques et de déterminer les vulnérabilités de l'organisation. Ensuite, il faut identifier les ressources nécessaires, les responsabilités et les procédures à suivre en cas d'urgence. Le plan doit être régulièrement mis à jour et testé pour s'assurer qu'il reste pertinent et opérationnel. Il est également important de sensibiliser et de former le personnel sur les procédures à suivre en cas d'urgence afin de garantir une bonne exécution du plan. Enfin, un plan de récupération d'urgence doit être flexible et adaptable pour pouvoir faire face à toute situation imprévue.

Pour établir ce plan, il est important de sélectionner des sites de DR appropriés pour stocker les données et les systèmes critiques. Ces sites doivent être suffisamment éloignés du site principal pour éviter d'être affectés par la même catastrophe. Ils doivent également être équipés de l'infrastructure nécessaire pour maintenir les opérations en cas d'urgence.

Ensuite, il est essentiel de mettre en place une réplication des données vers ces sites de DR. Cela permet de garantir que les données critiques sont disponibles en cas de panne du système principal. La fréquence de la réplication doit être déterminée en fonction des besoins de l'organisation et de son budget. Le Plan de DR doit également définir les objectifs de point de récupération (RPO) et de temps de récupération (RTO). Le RPO indique la quantité maximale de données pouvant être perdue en cas de sinistre, tandis que le RTO définit le délai maximal pour restaurer les systèmes et les données critiques. Ces objectifs doivent être établis en fonction de l'impact sur l'entreprise en cas d'interruption des opérations. En cas de sinistre, une équipe de gestion de crise doit être mise en place pour suivre les procédures définies dans le Plan de DR. Cette équipe doit être formée et entraînée régulièrement pour s'assurer qu'elle est prête à réagir rapidement et efficacement en cas d'urgence.

Les tests de récupération sont essentiel un plan de DR (disaster recovery) efficace. Ils consistent à simuler des scénarios de sinistre afin de vérifier si les procédures mises en place sont fonctionnelles et capables de restaurer les données et les systèmes critiques dans un délai acceptable. Effectuer régulièrement ces tests est crucial pour s'assurer que le plan de DR est à jour et en mesure de répondre aux besoins de l'entreprise en cas d'urgence. Les tests permettent également d'identifier et de corriger les éventuelles lacunes ou défaillances du plan avant qu'un véritable sinistre ne se produise, ce qui peut sauver l'entreprise de pertes financières et de dommages à sa réputation.

Les opérations et la maintenance post-migration sont essentielles pour garantir la performance, la sécurité, et la fiabilité des applications et des données dans le cloud. En mettant en œuvre une surveillance proactive, en automatisant les processus de gestion, et en préparant des stratégies solides de backup et de récupération d'urgence, les organisations peuvent maximiser les avantages de leur migration vers le cloud tout en minimisant les risques.

CHAPITRE XVII

DEFIS COURANTS ET SOLUTIONS

Objectif

Ce chapitre vise à fournir aux lecteurs une compréhension approfondie des obstacles auxquels ils pourraient être confrontés lors de la migration de leurs applications vers le cloud. En effet, la migration vers le cloud peut être un processus complexe et délicat pour les architectes de solutions SI, et il est essentiel de comprendre les défis potentiels afin de les surmonter avec succès. Ce chapitre propose donc une analyse détaillée des défis les plus courants, tels que la sécurité, la compatibilité et les coûts, ainsi que des solutions pratiques pour les aborder. En fournissant des conseils et des stratégies efficaces, ce chapitre a pour objectif d'aider les architectes à prendre des décisions éclairées et à réussir leur migration vers le cloud.

17   DEFIS COURANTS ET SOLUTIONS

L a migration vers le Cloud est devenue une tendance incontournable pour de nombreuses entreprises. Cependant, ce processus n'est pas dépourvu de défis. Nous devrons identifier ces défis courants afin de mieux les anticiper et de proposer des solutions efficaces pour les surmonter.

Dans ce chapitre essentiel, nous examinerons les défis courants auxquels sont confrontés les architectes de solutions SI lors de la migration des applications vers le Cloud, et nous proposerons des solutions efficaces pour surmonter ces obstacles. En identifiant et en abordant ces défis dès le départ, les professionnels pourront garantir le succès de leur migration vers le Cloud.

17.1   SECURITE ET CONFORMITE

Le passage vers le Cloud soulève des défis majeurs en matière de sécurité et de conformité. Le stockage de données sensibles sur des serveurs externes, la protection de ces données devient une préoccupation majeure pour les entreprises. Les réglementations en matière de protection des données, telles que le RGPD, imposent des contraintes strictes quant à la manière dont les données doivent être traitées et stockées, ce qui peut être difficile à respecter lors de la migration vers le Cloud.

L'un des principaux défis de la sécurité lors de la migration vers le Cloud est la protection des données sensibles. Les entreprises doivent s'assurer que leurs données sont sécurisées à tout moment, en transit et au repos. Cela peut être difficile à réaliser si les fournisseurs de services Cloud ne disposent pas des mesures de sécurité adéquates. Les entreprises doivent également prendre en compte les risques de cyberattaques et de piratage, qui peuvent compromettre la sécurité de leurs données et causer des dommages considérables.

En ce qui concerne la conformité, les entreprises doivent également faire face à des défis majeurs lors de la migration vers le Cloud. Les réglementations telles que le RGPD et la loi HIPAA exigent que les entreprises protègent les données personnelles de leurs clients et employés. Cela signifie que les entreprises doivent s'assurer que leurs fournisseurs de services Cloud respectent ces réglementations et appliquent des mesures de sécurité adéquates pour protéger les données. Les entreprises doivent également être en mesure de prouver leur conformité en fournissant des audits et des rapports réguliers, ce qui peut être un défi supplémentaire.

Pour renforcer la sécurité et garantir la conformité lors de la migration vers le Cloud, il est essentiel que les entreprises choisissent des fournisseurs de services Cloud fiables et réputés. Ces fournisseurs doivent être en mesure de garantir une sécurité robuste pour les données sensibles, ainsi que de respecter les normes de conformité en vigueur. Les entreprises doivent également mettre en place des politiques et des procédures de sécurité strictes, telles que l'utilisation de mots de passe forts, la mise en place de protocoles de chiffrement et la formation des employés sur les bonnes pratiques de sécurité.

17.2 COMPLEXITE DE L'ARCHITECTURE

La complexité de l'architecture est un défi majeur lorsqu'il s'agit de migrer des applications vers le Cloud. Les applications traditionnelles sont souvent conçues de manière monolithique, c'est-à-dire qu'elles sont composées d'un seul bloc de code qui gère toutes les fonctionnalités. Cette approche présente des limites en termes de flexibilité et de scalabilité, car toute modification ou ajout de fonctionnalités nécessite une mise à jour de l'ensemble de l'application.

La migration vers le Cloud implique donc une transformation de cette architecture monolithique en une architecture cloud-native, où les fonctionnalités sont décomposées en services indépendants les uns des autres. Cette approche permet une meilleure flexibilité et une scalabilité plus efficace, mais elle ajoute également une complexité supplémentaire en termes de gestion et de communication entre ces services.

L'intégration de services Cloud externes, tels que des bases de données ou des outils de gestion de données, peut également ajouter une couche de complexité à l'architecture. Ces services doivent être intégrés de manière transparente dans l'application existante, tout en assurant une bonne communication avec les autres services.

Pour simplifier et moderniser l'architecture lors de la migration vers le Cloud, il est essentiel d'adopter des pratiques telles que la conteneurisation et l'orchestration. La conteneurisation permet d'isoler chaque service dans un environnement virtuel, facilitant ainsi la gestion et la communication entre les différents services. L'orchestration, quant à elle, permet d'automatiser le déploiement et la gestion des conteneurs, rendant ainsi l'architecture plus agile et évolutive.

Il est également conseiller de mettre en place une architecture de microservices bien définie, avec des interfaces claires et une documentation détaillée. Cela facilitera la communication entre les différents services et permettra une meilleure compréhension de l'architecture dans son ensemble.

17.3 GESTION DES COUTS

Le Cloud présente des coûts variables et souvent difficiles à anticiper, ce qui peut entraîner des dépassements de budget et impacter la rentabilité de l'entreprise.

La maîtrise des coûts devient donc un enjeu important pour les entreprises souhaitant migrer vers le Cloud.

Un des principaux défis de la gestion des coûts lors de la migration vers le Cloud est l'optimisation des ressources. Il est souvent difficile de déterminer avec précision les ressources nécessaires à la bonne exécution des applications et services dans le Cloud. Cela peut conduire à une surutilisation de certaines ressources et donc à des coûts supplémentaires inutiles. Pour remédier à cela, nous devons réaliser une analyse approfondie des besoins en ressources et de mettre en place des mesures de surveillance et d'optimisation régulières.

Un autre défi majeur est la prévention des dépassements de budget. Avec des coûts variables et souvent imprévisibles, il est facile de dépasser le budget alloué pour la migration vers le Cloud. Pour éviter cela, il faudrait mettre en place des outils de suivi des coûts et des alertes en cas de dépassement. Il est recommandé d'utiliser des modèles de tarification flexibles proposés par les fournisseurs de services Cloud, qui permettent de payer uniquement pour les ressources utilisées, afin de mieux maîtriser les coûts.

Pour réduire les coûts et maximiser l'efficacité opérationnelle lors de la migration vers le Cloud, Nous devrons mettre en place des stratégies efficaces de gestion des ressources et des coûts. Cela peut inclure l'utilisation de machines virtuelles réservées pour bénéficier de tarifs préférentiels, l'optimisation des temps de fonctionnement des ressources pour éviter les frais inutiles, ou encore l'utilisation de services de gestion des coûts proposés par certains fournisseurs de Cloud.

17.4   SCALABILITE ET PERFORMANCE

La gestion des pics de charge est un défi majeur pour les applications Cloud. En cas d'affluence soudaine d'utilisateurs, les l'infrastructure doivent être capable de supporter l'augmentation de trafic sans compromettre les performances. La mise en place des mécanismes de scalabilité automatique permet de déployer de manière dynamique de nouveaux serveurs pour absorber la charge supplémentaire.

L'optimisation des performances est également un enjeu important pour les applications Cloud. Les utilisateurs s'attendent à une expérience fluide et réactive, quel que soit le volume de données traitées. Pour y parvenir, il est nécessaire d'utiliser des technologies telles que le cache et la mise en cache de contenu pour réduire les temps de réponse et améliorer les performances globales.

La résilience face aux pannes est un autre défi à relever pour garantir la disponibilité des applications Cloud. Avec une infrastructure distribuée, les pannes peuvent survenir à tout moment. Pour y faire face, la mise en place des mécanismes de redondance et de réplication des données, ainsi que des procédures de récupération en cas de défaillance d'un serveur est nécessaire.

Pour garantir une scalabilité robuste et des performances optimales, il est également important de choisir les bons outils et technologies. Dans le Cloud nous avions des services de bases de données NoSQL pour une évolutivité horizontale, ou encore les conteneurs pour une gestion plus efficace des ressources.

17.5   GESTION DU CHANGEMENT ET CULTURE D'ENTREPRISE

La transition peut entraîner des défis majeurs pour une organisation, tels que la résistance au changement, la formation des équipes et la communication interne. Il est nécessaire de générer de façon cohérente une stratégie pour gérer ces défis et favoriser une adoption réussie du Cloud.

L'un des principaux défis liés à la gestion du changement lors de la migration vers le Cloud est la résistance au changement de la part des employés. Ces derniers peuvent être réticents à l'idée de changer leurs habitudes de travail et de se familiariser avec de nouvelles technologies. Pour surmonter cette résistance, Nous devons les impliquer dès le début du processus de migration en les informant sur les avantages du Cloud et en leur offrant une formation adéquate pour qu'ils se sentent à l'aise avec les nouveaux outils.

La formation des équipes est également un enjeu important lors de la migration vers le Cloud. Les employés doivent être formés sur les nouvelles plateformes, les fonctionnalités et les processus de travail qui en découlent. Cette formation doit être adaptée en fonction des différents profils et niveaux de compétences au sein de l'entreprise afin de garantir une transition en douceur. Il est également important de prévoir un accompagnement pour les employés les plus réticents afin de les aider à s'adapter au changement.

La communication interne est un autre élément important pour une migration réussie vers le Cloud. Il est essentiel de communiquer de manière transparente et régulière auprès des employés sur les raisons de la migration, les étapes du processus et les bénéfices attendus. Cela permettra de créer un sentiment d'adhésion et d'implication des équipes dans ce projet.

Pour favoriser une transition en douceur et une adoption réussie du Cloud, il est également recommandé de mettre en place des solutions pour gérer les risques potentiels, tels que la sécurité des données et l'interruption de service. Il est également important de prendre en compte les spécificités de la culture d'entreprise et d'adapter la stratégie de gestion du changement en conséquence.

CHAPITRE XVIII

CONCLUSION ET PERSPECTIVES FUTURES

Objectif

Dans ce chapitre final, nous résumerons les principaux points abordés dans ce guide exhaustif sur la migration des applications vers le Cloud, mettant en lumière les défis relevés, les bonnes pratiques recommandées, les cas d'étude inspirants et les leçons apprises. Nous examinerons également les perspectives futures et les tendances émergentes dans le domaine de la migration vers le Cloud, offrant ainsi une vision prospective pour les architectes de solutions SI. Voici ce que nous aborderons :

18 CONCLUSION ET PERSPECTIVES FUTURES

D ans cet ouvrage, nous avons exploré en profondeur le concept de migration vers le Cloud, en examinant ses avantages et en identifiant les défis auxquels il peut faire face. Nous avons également étudié les différentes stratégies et outils à notre disposition pour réussir une migration réussie vers le Cloud. À travers cette analyse, nous avons compris que le passage vers le Cloud offre de nombreuses opportunités pour les entreprises, telles que la flexibilité, la réduction des coûts et l'accès à des technologies de pointe. Cependant, nous avons également mis en évidence l'importance de bien planifier et exécuter cette migration de manière stratégique pour éviter les pièges potentiels.

En regardant vers l'avenir, nous pouvons nous attendre à voir une croissance continue de la migration vers le Cloud, avec de plus en plus d'entreprises embrassant cette technologie pour rester compétitives sur le marché. Cela soulève également des questions sur la sécurité des données et la gestion des risques, qui seront des enjeux majeurs à surveiller à l'avenir. Nous encourageons également les lecteurs à continuer à se tenir informés sur les dernières tendances et avancées en matière de migration vers le Cloud, et à continuer à explorer de nouvelles façons d'optimiser et d'améliorer leurs processus de migration. Il est clair que le Cloud est l'avenir et que ceux qui sauront l'utiliser efficacement seront en mesure de tirer le meilleur parti de cette technologie révolutionnaire.

18.1 RECAPITULATIF DES ENSEIGNEMENTS CLES

Dans ce guide, nous avons examiné en détail les différentes étapes à suivre pour réussir la migration des applications vers le Cloud. Nous avons vu que ce processus peut être complexe et présenter des défis, mais qu'il est également très bénéfique pour les entreprises. Tout d'abord, il faut comprendre les raisons qui poussent à migrer vers le Cloud, telles que la réduction des coûts, l'amélioration de la flexibilité et de la scalabilité, ainsi que l'accès à des technologies de pointe. Ensuite, nous avons passé en revue les défis courants rencontrés lors de la migration, tels que la compatibilité des applications, la sécurité et la gestion des données. Pour chaque défi, nous avons proposé des solutions efficaces, telles que l'utilisation d'outils de virtualisation et de sécurité spécifiques au Cloud, ainsi que la mise en place de stratégies de gestion des données claires. Nous avons également souligné l'importance des bonnes pratiques à suivre pour une migration réussie, telles que l'évaluation minutieuse des applications à migrer, la mise en place d'une équipe dédiée et la communication transparente avec les parties prenantes. Nous avons mis en évidence les étapes essentielles à suivre pour réussir la migration, telles que l'analyse des coûts et des risques, la sélection d'un fournisseur de Cloud adapté et la mise en œuvre d'un plan de migration bien défini.

18.2 BILAN DES BENEFICES ET DES RETOMBEES

La migration vers le Cloud est devenue une stratégie incontournable pour de nombreuses organisations à travers le monde. Cette transition vers des solutions de stockage et de traitement de données dématérialisées offre de nombreux bénéfices et retombées significatifs. Tout d'abord, la scalabilité offerte par le Cloud permet une adaptation rapide et efficace aux besoins en évolution de l'organisation. Avec la possibilité d'augmenter ou de diminuer les ressources en fonction de la demande, les entreprises peuvent optimiser leur infrastructure et éviter les coûts inutiles liés à une surcapacité ou à une sous-capacité.

En plus de cela, la flexibilité offerte par le Cloud permet aux organisations de s'adapter rapidement aux changements du marché et aux nouvelles technologies. Les entreprises peuvent ainsi innover et développer de nouveaux services plus rapidement et plus efficacement en utilisant les ressources du Cloud. Les performances des applications et des systèmes peuvent également être améliorées grâce à l'utilisation de technologies de pointe offertes par les fournisseurs de Cloud. En termes de coûts, la migration vers le Cloud peut représenter une économie significative pour les organisations. En évitant les coûts liés à l'achat, la maintenance et la mise à niveau d'infrastructures physiques, les entreprises peuvent réaliser des économies considérables sur le long terme. En utilisant des modèles de paiement à l'utilisation, les organisations peuvent mieux contrôler leurs dépenses et adapter leurs ressources en fonction de leurs besoins réels.

Outre ces avantages opérationnels, la migration vers le Cloud peut également avoir un impact positif sur la sécurité des données. Les fournisseurs de Cloud investissent massivement dans des mesures de sécurité avancées pour protéger les données de leurs clients. Cela permet aux organisations de bénéficier d'un niveau de sécurité élevé sans avoir à gérer elles-mêmes des infrastructures complexes et coûteuses.

La migration vers le Cloud peut également avoir un impact positif sur l'innovation, la compétitivité et la croissance de l'organisation. En libérant du temps et des ressources précieuses, les entreprises peuvent se concentrer sur leur cœur de métier et développer de nouvelles idées et services pour répondre aux besoins de leurs clients. Cela peut également leur permettre de rester compétitives sur un marché en constante évolution et de favoriser leur croissance à long terme.

18.3 PERSPECTIVES FUTURES ET TENDANCES DU CLOUD

Le Cloud computing a révolutionné la façon dont les entreprises gèrent leurs données et leurs applications. Cependant, avec l'évolution constante de la technologie, de nouvelles tendances émergent dans le domaine de la migration vers le Cloud. Une des tendances les plus remarquables est l'adoption croissante des services Cloud hybrides, qui combine à la fois des solutions Cloud publiques et privées pour répondre aux besoins spécifiques des entreprises. En utilisant cette approche, les entreprises peuvent bénéficier à la fois de la flexibilité et de la sécurité offertes par le Cloud public, ainsi que de la personnalisation et du contrôle du Cloud privé.

Un autre développement majeur est l'émergence de l'Edge Computing, qui consiste à déplacer une partie du traitement des données vers des appareils connectés à Internet plutôt que de tout centraliser dans le Cloud. Cette approche permet une réponse plus rapide et une utilisation plus efficace de la bande passante, ce qui est particulièrement important pour les applications en temps réel telles que l'Internet des objets ou les jeux en ligne.

L'arrivée de l'IA et du machine learning dans le Cloud promet de nouvelles possibilités pour les entreprises. En déployant ces technologies dans le Cloud, les entreprises peuvent accéder à des outils puissants pour analyser et exploiter leurs données, améliorant ainsi leur prise de décision et leur compétitivité.

En tant qu'architectes de solutions SI, il est essentiel de suivre ces tendances émergentes et de s'y adapter pour rester compétitif sur le marché. Il est également important de se préparer aux perspectives futures, telles que l'intégration de la réalité virtuelle et augmentée dans le Cloud, ou encore l'utilisation de la Blockchain pour renforcer la sécurité des données dans le Cloud.

18.4   RECOMMANDATIONS POUR L'AVENIR

Dans un monde en constante évolution technologique, il est essentiel pour les architectes de solutions SI de se maintenir à jour avec les dernières technologies Cloud. Pour cela, nous devrons définir une stratégie claire et de s'engager dans une veille technologique régulière afin d'anticiper les évolutions du marché. Le Cloud est un domaine en perpétuelle mutation et nécessite de rester à la pointe pour proposer des solutions innovantes et compétitives à nos clients.

Pour cela, il est recommandé de participer à des formations et des certifications pour renforcer ses compétences dans le domaine du Cloud. Cela permettra aux architectes de solutions SI de maîtriser les dernières technologies et de les mettre en pratique dans leur travail. Il faut rester à l'écoute des retours d'expérience des autres professionnels du secteur et de participer à des conférences et des événements spécialisés pour échanger sur les bonnes pratiques et les tendances émergentes dans le domaine de la migration vers le Cloud.

Pour continuer à innover dans le domaine de la migration vers le Cloud, Nous devrons favoriser une culture d'expérimentation au sein de l'équipe. Toujours tester de nouvelles technologies et de prendre des risques pour proposer des solutions innovantes et adaptées aux besoins des clients. Il est essentiel de rester à l'écoute des demandes et des besoins des clients pour proposer des solutions sur mesure et continuer à se différencier sur le marché.

En somme, pour rester à jour avec les dernières technologies Cloud, anticiper les évolutions du marché, renforcer ses compétences et continuer à innover dans le domaine de la migration vers le Cloud, il est essentiel pour les architectes de solutions SI de mettre en place une stratégie claire, de participer à des formations et des événements spécialisés, et de favoriser une culture d'expérimentation au sein de leur équipe. Cela leur permettra de répondre aux besoins de leurs clients de manière efficace et de rester compétitifs sur le marché en constante évolution.

En conclusion, ce guide complet sur la migration des applications vers le Cloud fournira aux architectes de solutions SI les connaissances, les outils et les conseils nécessaires pour réussir leurs projets de migration, en tirant parti des avantages du Cloud pour transformer leur organisation et stimuler l'innovation. Nous espérons que ce guide vous aura été utile dans votre parcours vers une migration réussie vers le Cloud.

CHAPITRE XIX

ANNEXES

19 ANNEXES

19.1 CHECK-LISTS ET TEMPLATES POUR LA MIGRATION

I. Check-list de Préparation à la Migration
1. Évaluation des applications et des données pour la migration.
2. Sélection de l'architecture cloud (public, privé, hybride).
3. Planification de la stratégie de migration (lift and shift, refonte, etc.).
4. Évaluation des exigences de conformité et de sécurité.
5. Définition d'un plan de gestion des risques et d'urgence.

II. Template de Plan de Migration

➢ Phase 1: Planification et Évaluation*:
1. Inventaire des actifs IT.
2. Analyse des dépendances.
3. Sélection des candidats à la migration.
4. Évaluation des coûts.
➢ Phase 2: Préparation de l'Environnement Cloud*:
1. Configuration du réseau.
2. Mise en place de la sécurité.
3. Test de la performance et de la connectivité.
➢ Phase 3: Migration et Validation*:
1. Exécution de la migration.
2. Tests post-migration.
3. Surveillance et optimisation.

19.2 GLOSSAIRE DES TERMES

Adaptabilité
La capacité de l'application à s'ajuster aux changements et aux évolutions de l'environnement

Ajustements
Les modifications apportées pour améliorer les performances et l'efficacité de l'application

Analyse des performances
L'évaluation des performances de l'application pour identifier les problèmes potentiels et optimiser les performances

Architecte Solution SI
Spécialiste chargé de concevoir l'architecture des systèmes d'information

Architecture de système d'information

La structure globale et l'organisation des composants informatiques d'une entreprise pour répondre à ses besoins opérationnels et stratégiques

Architecture optimisée

Conception d'une architecture qui maximise les performances, la sécurité et l'évolutivité

Cohérence des données

Assure que les données sont synchronisées et correctes à travers le système

Collaboration interfonctionnelle

La coopération entre les différentes équipes impliquées dans la migration pour assurer une communication efficace et une coordination harmonieuse

Composants manquants

Les éléments nécessaires qui doivent être ajoutés ou développés pour compléter l'application existante

Cloud Computing

La livraison de services informatiques, y compris des serveurs, du stockage, des bases de données, du réseau, des logiciels, de l'analytique et de l'intelligence, sur Internet ("le cloud") pour offrir une innovation plus rapide, des ressources flexibles et des économies d'échelle.

Cloud Public

Services de cloud computing offerts par des fournisseurs tiers sur Internet, rendus accessibles au grand public ou à de grandes industries.Glossaire

Cloud Privé

Infrastructure de cloud computing utilisée exclusivement par une seule entreprise ou organisation. Elle peut être située physiquement sur le site de l'organisation ou hébergée par un fournisseur de services tiers.

Cloud Hybride

Environnement qui utilise un mélange de clouds publics et privés, avec une orchestration entre les deux plateformes.

Conteneurisation

Une méthode de virtualisation au niveau du système d'exploitation pour déployer et exécuter des applications distribuées sans lancer une machine virtuelle entière pour chaque application.

Déploiement

Processus de mise en service d'une application dans un environnement de production

Documentation

La création de documents décrivant l'architecture, les fonctionnalités et les processus de l'application pour faciliter la maintenance et le support

Données critiques

Informations essentielles pour le fonctionnement de l'application ou de l'entreprise

Efficacité opérationnelle

L'optimisation des processus et des ressources pour atteindre les objectifs de manière rentable

Efficacité

L'optimisation des processus pour atteindre les objectifs de manière rapide et efficiente

Environnement de production

Infrastructure où l'application est accessible aux utilisateurs finaux

Évaluation de performance

L'évaluation de la capacité de l'application à répondre aux besoins et aux exigences des utilisateurs

Évolutivité

Capacité d'un système à s'adapter et à gérer une augmentation de charge sans perte de performance

Exigences de sécurité

Les mesures et les protocoles mis en place pour protéger les données et les systèmes contre les menaces et les vulnérabilités

Expérience d'analyse de données

L'ensemble des interactions et fonctionnalités offertes pour analyser les données

Expérience utilisateur (UX)

La qualité de l'interaction entre l'utilisateur et l'application

Expérience utilisateur

L'ensemble des interactions entre l'utilisateur et l'application, y compris l'interface utilisateur et la convivialité

Flux de données

Les chemins par lesquels les données circulent à travers l'application et les systèmes

Flux de traitement

Séquence d'opérations effectuées sur les données dans un système

Gestion des risques

L'identification, l'évaluation et la gestion des risques potentiels liés à la migration de l'application

IaaS (Infrastructure as a Service)

Services cloud offrant une infrastructure informatique de base sur Internet, avec un accès à distance à des ressources informatiques (comme des serveurs et du stockage).

Intégration des systèmes

La connexion et la communication entre différents systèmes et applications pour faciliter le partage de données et d'informations

Intégrité des données

Garantie que les données sont précises, complètes et fiables

Mesures de performance

Les métriques utilisées pour évaluer les performances de l'application, telles que le temps de réponse, la disponibilité et la capacité de charge

Migration d'application

Processus de déplacement d'une application d'un environnement à un autre

Migration incrémentielle

La migration de l'application par étapes successives, en transférant progressivement les fonctionnalités et les données pour limiter les risques et les interruptions

Mise à l'échelle

L'ajout ou la suppression de ressources pour répondre à une augmentation ou une diminution de la charge de travail

Mise en service

Le processus de déploiement et de configuration de l'application dans un environnement de production pour qu'elle soit prête à être utilisée par les utilisateurs finaux

Monitoring

La surveillance continue des performances de l'application pour détecter les problèmes

Performance

La vitesse et l'efficacité avec lesquelles l'application répond aux demandes des utilisateurs

Plan de communication

Le document décrivant la stratégie de communication pour informer les parties prenantes internes et externes sur la migration et ses impacts

Planification

L'élaboration d'un plan détaillé pour organiser et exécuter la migration de manière efficace

PaaS (Platform as a Service)

Services cloud offrant un environnement de développement et de déploiement sur le cloud, sans la complexité de la gestion de l'infrastructure sous-jacente.
Reprise après sinistre
Les mesures prises pour assurer la disponibilité et la récupération des données en cas de panne ou de catastrophe
Retours d'utilisateurs
Les commentaires et suggestions des utilisateurs concernant l'expérience et les fonctionnalités de l'application
Rétroaction des utilisateurs finaux
Les commentaires et les retours des personnes qui utilisent directement l'application pour améliorer leur expérience et leur satisfaction
Risques potentiels
Les dangers ou les problèmes qui pourraient survenir lors de la migration
Scalabilité
Capacité d'un système à s'adapter à une augmentation de la demande en ajoutant des ressources
Sécurité
La protection des données et des systèmes contre les menaces et les cyberattaques
Sélection de technologies
Le choix des outils, des langages de programmation et des infrastructures adaptés pour optimiser les performances de l'application
Stabilité
La capacité de l'application à fonctionner de manière fiable sans interruptions
SaaS (Software as a Service)
Logiciels d'application hébergés et gérés dans le cloud, accessibles par Internet sur un modèle d'abonnement.
Serverless
Un modèle de cloud computing où le fournisseur de cloud gère dynamiquement l'allocation des ressources machine. Les développeurs peuvent créer et exécuter des applications et des services sans avoir à gérer l'infrastructure.
Stockage des données
Le lieu où les données sont conservées de manière sécurisée et accessible
Stratégie de test
Le plan détaillé pour tester la nouvelle application après la migration, y compris les scénarios de test, les outils utilisés et les critères de succès
Stratégies d'atténuation
Les actions préventives pour réduire les risques potentiels
Support post-migration

Assistance technique fournie après la migration pour résoudre les problèmes et répondre aux questions des utilisateurs
Support utilisateur
Assistance fournie aux utilisateurs pour les aider à utiliser l'application de manière optimale
Synchronisation des données
L'assurance que les données sont cohérentes et à jour à travers l'ensemble du système
Tests de performance
Évaluation de la capacité d'une application à répondre aux exigences en termes de vitesse, de charge, etc
Tests de validation
Vérification que l'application fonctionne conformément aux exigences spécifiées
Traitement des données
Les opérations effectuées sur les données pour les analyser, les transformer ou les agréger
Validation des besoins
La confirmation que les exigences et les objectifs de la migration ont été correctement compris et pris en compte dans la conception de l'architecture cible

19.3   RESSOURCES SUPPLEMENTAIRES

Pour accéder à la documentation et aux ressources officielles d'Amazon Web Services (AWS):

- Visitez le site officiel d'AWS
  https://aws.amazon.com](https://aws.amazon.com

- Documentation AWS* : Pour accéder à la documentation générale d'AWS, y compris les guides d'utilisateur pour chaque service, les références API, et plus, naviguez vers https://docs.aws.amazon.com

- Les livres blancs d'AWS, qui couvrent la sécurité, l'architecture, l'économie et d'autres sujets importants, peuvent être trouvés à partir du footer du site AWS ou directement à https://aws.amazon.com/whitepapers

- Pour des guides sur la construction d'architectures optimales avec AWS, consultez la section Architecture Center à https://aws.amazon.com/architecture

- Pour la documentation sur la sécurité, y compris les meilleures pratiques et les guides de sécurité, rendez-vous à https://aws.amazon.com/security

Vous y trouverez également des informations sur la conformité et les certifications.

- FAQs - Chaque service AWS dispose d'une section FAQ accessible depuis la page de présentation du service concerné sur le site AWS.

- Les conditions de service AWS sont disponibles à https://aws.amazon.com/service-terms

- Pour les accords de niveau de service (SLAs) spécifiques, consultez https://aws.amazon.com/legal/service-level-agreements

Pour accéder aux rapports de conformité, AWS utilise AWS Artifact, un portail en libre-service pour les rapports de conformité. Vous pouvez y accéder via votre compte AWS.

Pour accéder à la documentation et aux ressources officielles de Microsoft Azure.

- Commencez par visiter le site officiel de Microsoft Azure à https://azure.microsoft.com

- Pour une documentation complète sur tous les services Azure, y compris des guides de démarrage rapide, des tutoriels, et des références d'API, rendez-vous sur https://docs.microsoft.com/azure

- Pour des guides d'architecture et des best practices pour construire des solutions sur Azure, explorez le Centre d'architecture Azure à https://docs.microsoft.com/azure/architecture

- En savoir plus sur la sécurité, la conformité et la confidentialité dans Azure, consultez https://azure.microsoft.com/en-us/support/trust-center. Ce centre de confiance Azure fournit des informations détaillées sur les certifications de conformité, les rapports de sécurité et les meilleures pratiques.

- Les conditions d'utilisation d'Azure sont disponibles à https://azure.microsoft.com/en-us/support/legal, où vous pouvez trouver les termes du service, les détails des offres et les SLAs (Accords de Niveau de Service).

- Pour découvrir les nouveautés, les mises à jour et les fonctionnalités à venir d'Azure, consultez la feuille de route Azure à https://azure.microsoft.com/en-us/roadmap

- Pour les dernières mises à jour sur les services Azure, visitez https://azure.microsoft.com/en-us/updates/

- Pour des insights, des histoires de succès, et des annonces directement de l'équipe Azure, le blog Azure est une ressource précieuse à https://azure.microsoft.com/en-us/blog/

- Pour l'assistance technique et les questions de support, la page de support Azure à https://azure.microsoft.com/en-us/support/ offre des options de support et des ressources d'auto-assistance.